Disfrute gratuitamente **DURANTE UN AÑO** de los eBook y audiolibros de las obras de Editorial Colex*

AF218738

- ⤳ Acceda a la página web de la editorial **www.colex.**

- ⤳ Identifíquese con su usuario y contraseña. En caso de no disponer de una cuenta regístrese.

- ⤳ Acceda en el menú de usuario a la pestaña «Mis códigos» e introduzca el que aparece a continuación:

RASCAR PARA VISUALIZAR EL CÓDIGO

- ⤳ Una vez se valide el código, aparecerá una ventana de confirmación y su eBook y/o audiolibro estará disponible **durante 1 año desde su activación** en la pestaña «Mis libros» en el menú de usuario.

---

* Los audiolibros están disponibles en las ediciones más recientes de nuestras obras. Se excluyen expresamente las colecciones «Códigos comentados», «Biblioteca digital» y los productos de www.vademecumlegal.es.

No se admitirá la devolución si el código promocional ha sido manipulado y/o utilizado.

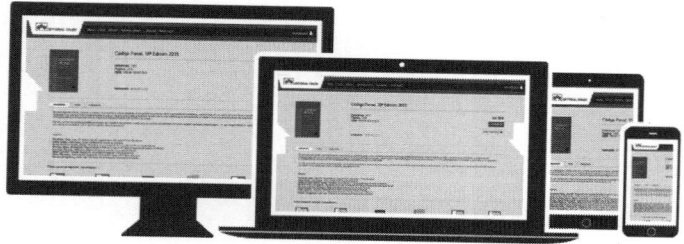

¡Gracias por confiar en nosotros!

La obra que acaba de adquirir incluye de forma gratuita la versión electrónica. Acceda a nuestra página web para aprovechar todas las funcionalidades de las que dispone en nuestro lector.

Funcionalidades eBook

Acceso desde cualquier dispositivo con conexión a internet

Idéntica visualización a la edición de papel

Navegación intuitiva

Tamaño del texto adaptable

Síguenos en:

ESTATUTO DEL TRABAJO AUTÓNOMO Y LEGISLACIÓN COMPLEMENTARIA

5.ª EDICIÓN 2026

(Edición actualizada a 15 de enero de 2026)

COLEX 2026

© Editorial Colex, S.L.
Calle Costa Rica, número 5, 3º B (local comercial)
A Coruña, 15004, A Coruña (Galicia)
info@colex.es
www.colex.es

I.S.B.N.: 979-13-7011-568-5
Depósito Legal: C 70-2026

LEYENDA ICONOS

TEXTO MODIFICADO	**TEXTO NUEVO**

ABREVIATURAS

ART./ARTS.	Artículo/s
CC	Código Civil
C.COM	Código de Comercio
D.A.	Disposición Adicional
D.DT.	Disposición Derogatorias
D.F.	Disposición Final
D.T.	Disposición Transitoria
ET	Estatuto de los trabajadores (RDLeg. 2/2015, de 23 de octubre)
LPRL	Ley de Prevención de Riesgos Laborales (Ley 31/1995, de 8 de noviembre)
RD	Real Decreto
RDL	Real Decreto Ley
RDLEG	Real Decreto Legislativo

SUMARIO

I. LEY 20/2007, DE 11 DE JULIO, DEL ESTATUTO DEL TRABAJO AUTÓNOMO

LEGISLACIÓN COMPLEMENTARIA

SUMARIO

LEY 20/2007, DE 11 DE JULIO, DEL ESTATUTO DEL TRABAJO AUTÓNOMO

I.
LEY 20/2007, DE 11 DE JULIO, DEL ESTATUTO DEL TRABAJO AUTÓNOMO

—BOE N.º 166 de 12 de julio de 2007—

JUAN CARLOS I
REY DE ESPAÑA

A todos los que la presente vieren y entendieren.
Sabed: Que las Cortes Generales han aprobado y Yo vengo en sancionar la siguiente Ley.

PREÁMBULO

I

El trabajo autónomo se ha venido configurando tradicionalmente dentro de un marco de relaciones jurídicas propio del derecho privado, por lo que las referencias normativas al mismo se hallan dispersas a lo largo de todo el Ordenamiento Jurídico.

En este sentido, la Constitución, sin hacer una referencia expresa al trabajo por cuenta propia, recoge en algunos de sus preceptos derechos aplicables a los trabajadores autónomos. Así, el artículo 38 de la Constitución reconoce la libertad de empresa en el marco de una economía de mercado; el artículo 35, en su apartado 1, reconoce para todos los españoles el deber de trabajar y el derecho al trabajo, a la libre elección de profesión u oficio, a la promoción a través del trabajo y a una remuneración suficiente para satisfacer sus necesidades y las de su familia, sin que en ningún caso pueda hacerse discriminación por razón de sexo; el artículo 40, en su apartado 2, establece que los poderes públicos fomentarán una política que garantice la formación y readaptación profesionales, velarán por la seguridad e higiene en el trabajo y garantizarán el descanso necesario mediante la limitación de la jornada laboral, las vacaciones periódicas retribuidas y la promoción de centros adecuados; finalmente, el artículo 41 encomienda a los poderes públicos el mantenimiento de un régimen público de Seguridad Social para todos los ciudadanos, que garantice la asistencia y prestaciones sociales suficientes ante situaciones de necesidad.

Estas referencias constitucionales no tienen por qué circunscribirse al trabajo por cuenta ajena, pues la propia Constitución así lo determina cuando se emplea el término «españoles» en el artículo 35 o el de «ciudadanos» en el artículo 41, o cuando encomienda a los poderes públicos la ejecución de determinadas políticas, artículo 40, sin precisar que sus destinatarios deban ser exclusivamente los trabajadores por cuenta ajena.

En el ámbito social podemos destacar, en materia de Seguridad Social, normas como la Ley General de la Seguridad Social, el artículo 25.1 de la Ley Orgánica 1/2004, de 28 de diciembre, de Medidas de Protección Integral contra la Violencia de Género referido a las trabajadoras por cuenta propia que sean víctimas de la violencia de género, el Decreto 2530/1970, de 20 de agosto, que regula el Régimen Especial de los Trabajadores por Cuenta Propia o Autónomos, y otras disposiciones de desarrollo. En materia de prevención de riesgos laborales hay que referirse a la Ley de Prevención de Riesgos Laborales y al Real Decreto 1627/1997, de 24 de octubre, por el que se establecen las disposiciones mínimas de seguridad y salud en las obras de construcción, así como otras disposiciones de desarrollo.

La Unión Europea, por su parte, ha tratado el trabajo autónomo en instrumentos normativos tales como la Directiva 86/613/CEE del Consejo, de 11 de diciembre de 1986, relativa a la aplicación del principio de igualdad de trato entre hombres y mujeres que ejerzan una actividad autónoma, incluidas las actividades agrícolas, así como sobre la protección de la maternidad, que da una definición de trabajador autónomo en su artículo 2.a), o en la Recomendación del Consejo de 18 de febrero de 2003 relativa a la mejora de la protección de la salud y la seguridad en el trabajo de los trabajadores autónomos.

El derecho comparado de los países de nuestro entorno no dispone de ejemplos sobre una regulación del trabajo autónomo como tal. En los países de la Unión Europea sucede lo mismo que en España: las referencias a la figura del trabajador autónomo se encuentran dispersas por toda la legislación social, especialmente la legislación de seguridad social y de prevención de riesgos. En este sentido, cabe resaltar la importancia que tiene el presente Proyecto de Ley, pues se trata del primer ejemplo de regulación sistemática y unitaria del trabajo autónomo en la Unión Europea, lo que sin duda constituye un hito en nuestro ordenamiento jurídico.

Se trata de una Ley que regulará el trabajo autónomo, sin interferir en otros ámbitos de nuestro tejido productivo, como el sector agrario, que cuenta con su propia regulación y sus propios cauces de representación.

Los Colegios Profesionales tampoco verán afectadas sus competencias y atribuciones por la aprobación de este Estatuto.

II

Desde el punto de vista económico y social no puede decirse que la figura del trabajador autónomo actual coincida con la de hace algunas décadas. A lo largo del siglo pasado el trabajo era, por definición, el dependiente y asalariado, ajeno a los frutos y a los riesgos de cualquier actividad emprendedora. Desde esa perspectiva, el autoempleo o trabajo autónomo tenía un carácter circunscrito, en muchas ocasiones, a actividades de escasa rentabilidad, de reducida dimensión y que no precisaban de una fuerte inversión financiera, como por ejemplo la agricultura, la artesanía o el pequeño comercio. En la actualidad la situación es diferente, pues el trabajo autónomo prolifera en países de elevado nivel de renta, en actividades de alto valor añadido, como consecuencia de los nuevos desarrollos organizativos y la difusión de la informática y las telecomunicaciones, y constituye una libre elección para muchas personas que valoran su autodeterminación y su capacidad para no depender de nadie.

Esta circunstancia ha dado lugar a que en los últimos años sean cada vez más importantes y numerosas en el tráfico jurídico y en la realidad social, junto a la figura de lo que podríamos denominar autónomo clásico, titular de un establecimiento comercial, agricultor y profesionales diversos, otras figuras tan heterogéneas, como los emprendedores, personas que se encuentran en una fase inicial y de despegue de una actividad económica o profesional, los autónomos económicamente dependientes, los socios trabajadores de cooperativas y sociedades laborales o los administradores de sociedades mercantiles que poseen el control efectivo de las mismas.

En la actualidad, a 30 de junio de 2006, el número de autónomos afiliados a la Seguridad Social asciende a 3.315.707, distribuidos en el Régimen Especial de los Trabajadores por Cuenta Propia o Autónomos, en el Régimen Especial Agrario y en el Régimen Especial de Trabajadores del Mar. De ellos, 2.213.636 corresponden a personas físicas que realizan actividades profesionales en los distintos sectores económicos.

Partiendo de este último colectivo, es muy significativo señalar que 1.755.703 autónomos no tienen asalariados y que del colectivo restante 457.933, algo más de 330.000 sólo tienen uno o dos asalariados. Es decir, el 94 por ciento de los autónomos que realizan una actividad profesional o económica sin el marco jurídico de empresa no tienen asalariados o sólo tienen uno o dos.

Estamos en presencia de un amplio colectivo que realiza un trabajo profesional arriesgando sus propios recursos económicos y aportando su trabajo personal, y que en su mayoría lo hace sin la ayuda de ningún asalariado. Se trata, en definitiva, de un colectivo que demanda un nivel de protección social semejante al que tienen los trabajadores por cuenta ajena.

A lo largo de los últimos años se han llevado a cabo algunas iniciativas destinadas a mejorar la situación del trabajo autónomo. Entre ellas, cabe destacar la eliminación del Impuesto de Actividades Económicas para todas las personas físicas, así como las introducidas por la Ley 36/2003, de 11 de noviembre, de Medidas de Reforma Económica, que recoge la cobertura de la Incapacidad Temporal desde el cuarto día de la baja, la posibilidad de tener la cobertura por accidentes de trabajo y enfermedades profesionales y la minoración para quienes se incorporaran por vez primera al Régimen Especial de los Trabajadores

Autónomos, siendo menores de treinta años o mujeres mayores de cuarenta y cinco. En la Ley 2/2004, de 27 de diciembre, de Presupuestos Generales del Estado para el año 2005 se incorporan como medidas para el fomento del empleo autónomo de jóvenes hasta treinta años de edad y mujeres hasta treinta y cinco, una reducción a las cuotas de la Seguridad Social así como el acceso a las medidas de fomento del empleo estable de los familiares contratados por los autónomos. Asimismo, se mejora el sistema de capitalización de la prestación por desempleo en su modalidad de pago único para los desempleados que inicien su actividad como autónomos.

El Gobierno, sensible ante esta evolución del trabajo autónomo, ya se comprometió en la sesión de investidura de su Presidente a aprobar durante esta Legislatura un Estatuto de los Trabajadores Autónomos. Como consecuencia de ello el Ministerio de Trabajo y Asuntos Sociales acordó constituir una Comisión de Expertos a la que encomendó una doble tarea: de un lado, efectuar un diagnóstico y evaluación sobre la situación económica del trabajo autónomo en España y, de otro, analizar el régimen jurídico y de protección social de los trabajadores autónomos, elaborando al tiempo una propuesta de Estatuto del Trabajador Autónomo. Los trabajos de la Comisión culminaron con la entrega de un extenso y documentado Informe, acompañado de una propuesta de Estatuto, en el mes de octubre de 2005.

Paralelamente, la Disposición Adicional Sexagésima Novena de la Ley 30/2005, de 29 de diciembre, de Presupuestos Generales del Estado para el año 2006 incorporaba el mandato al Gobierno de presentar al Congreso de los Diputados, en el plazo de un año, un Proyecto de Ley de Estatuto del Trabajador Autónomo en el que se defina el trabajo autónomo y se contemplen los derechos y obligaciones de los trabajadores autónomos, su nivel de protección social, las relaciones laborales y la política de fomento del empleo autónomo, así como la figura del trabajador autónomo económicamente dependiente.

Mediante la Resolución número 15 del debate sobre el Estado de la Nación de 2006, el Congreso de los Diputados insta al Gobierno a presentar durante ese año el Proyecto de Ley del Estatuto del Trabajador Autónomo, para avanzar en la equiparación, en los términos contemplados en la Recomendación número 4 del Pacto de Toledo, del nivel de protección social de los trabajadores autónomos con el de los trabajadores por cuenta ajena.

Finalmente, con la aprobación de la Ley Orgánica 3/2007, de 22 de marzo, para la igualdad efectiva entre mujeres y hombres, a iniciativa del Gobierno, se dio un primer paso en el cumplimiento a la citada Resolución, al introducir numerosas medidas para mejorar la situación del trabajo autónomo, especialmente en lo relativo a los derechos derivados de las situaciones de maternidad y paternidad, todo ello en el contexto de avanzar en una política de conciliación de la vida familiar con el trabajo, tan demandada por los trabajadores autónomos.

III

La presente Ley constituye el resultado del cumplimiento de los anteriores mandatos. Para su elaboración se ha consultado a las organizaciones sindicales y empresariales, así como a las asociaciones de trabajadores autónomos.

La Ley consta de 29 artículos, encuadrados en cinco títulos, más diecinueve disposiciones adicionales, tres transitorias, una derogatoria y seis finales.

El Título I delimita el ámbito subjetivo de aplicación de la Ley, estableciendo la definición genérica de trabajador autónomo y añadiendo los colectivos específicos incluidos y excluidos.

El Título II regula el régimen profesional del trabajador autónomo en tres capítulos. El Capítulo I establece las fuentes de dicho régimen profesional, dejando clara la naturaleza civil o mercantil de las relaciones jurídicas establecidas entre el autónomo y la persona o entidad con la que contrate. El apartado 2 del artículo 3 introduce los acuerdos de interés profesional para los trabajadores autónomos económicamente dependientes, novedad importante creada por la Ley.

El Capítulo II se refiere al régimen profesional común para todos los trabajadores autónomos y establece un catálogo de derechos y deberes, así como las normas en materia de prevención de riesgos laborales, protección de menores y las garantías económicas.

El Capítulo III reconoce y regula la figura del trabajador autónomo económicamente dependiente. Su regulación obedece a la necesidad de dar cobertura legal a una realidad social: la existencia de un colectivo de trabajadores autónomos que, no obstante su autonomía funcional, desarrollan su actividad con una fuerte y casi exclusiva dependencia económica del empresario o cliente que los contrata. La Ley contempla el supuesto en que este empresario es su principal cliente y de él proviene, al menos, el 75 por ciento de los ingresos del trabajador. Según los datos suministrados por el Instituto Nacional de Estadística, en el año 2004, ascienden a 285.600 los empresarios sin asalariados que trabajan para una única empresa o cliente. La cifra es importante, pero lo significativo es que este colectivo se ha incrementado en un 33 por ciento desde el año 2001.

A la vista de la realidad anteriormente descrita, la introducción de la figura del trabajador autónomo económicamente dependiente ha planteado la necesidad de prevenir la posible utilización indebida de dicha figura, dado que nos movemos en una frontera no siempre precisa entre la figura del autónomo clásico, el autónomo económicamente dependiente y el trabajador por cuenta ajena.

La intención del legislador es eliminar esas zonas fronterizas grises entre las tres categorías. De ahí que el artículo 11, al definir el trabajador autónomo económicamente dependiente sea muy restrictivo, delimitando conforme a criterios objetivos los supuestos en que la actividad se ejecuta fuera del ámbito de organización y dirección del cliente que contrata al autónomo.

El resto del Capítulo III establece una regulación garantista para el trabajador autónomo económicamente dependiente, en virtud de esa situación de dependencia económica, sin perjuicio de que opere como norma general en las relaciones entre éste y su cliente el principio de autonomía de la voluntad. En este sentido, el reconocimiento de los acuerdos de interés profesional, en el artículo 13, al que se aludía en el Capítulo dedicado a las fuentes, no supone trasladar la negociación colectiva a este ámbito, sino simplemente reconocer la posibilidad de existencia de un acuerdo que trascienda del mero contrato individual, pero con eficacia personal limitada, pues sólo vincula a los firmantes del acuerdo.

El recurso a la Jurisdicción Social previsto en el artículo 17 se justifica porque la configuración jurídica del trabajador autónomo económicamente dependiente se ha diseñado teniendo en cuenta los criterios que de forma reiterada ha venido estableciendo la Jurisprudencia de dicha Jurisdicción. La Jurisprudencia ha definido una serie de criterios para distinguir entre el trabajo por cuenta propia y el trabajo por cuenta ajena. La dependencia económica que la Ley reconoce al trabajador autónomo económicamente dependiente no debe llevar a equívoco: se trata de un trabajador autónomo y esa dependencia económica en ningún caso debe implicar dependencia organizativa ni ajenidad. Las cuestiones litigiosas propias del contrato civil o mercantil celebrado entre el autónomo económicamente dependiente y su cliente van a estar estrechamente ligadas a la propia naturaleza de la figura de aquél, de tal forma que las pretensiones ligadas al contrato siempre van a juzgarse en conexión con el hecho de si el trabajador autónomo es realmente económicamente dependiente o no, según cumpla o no con los requisitos establecidos en la Ley. Y esta circunstancia, nuclear en todo litigio, ha de ser conocida por la Jurisdicción Social.

IV

El Título III regula los derechos colectivos de todos los trabajadores autónomos, definiendo la representatividad de sus asociaciones conforme a los criterios objetivos, establecidos en el artículo 21 y creando el Consejo del Trabajo Autónomo como órgano consultivo del Gobierno en materia socioeconómica y profesional referida al sector en el artículo 22.

El Título IV establece los principios generales en materia de protección social, recogiendo las normas generales sobre afiliación, cotización y acción protectora de la Seguridad Social de los trabajadores autónomos. Es de destacar que se reconoce la posibilidad de establecer reducciones o bonificaciones en las bases de cotización o en las cuotas de la Seguridad Social para determinados colectivos de trabajadores autónomos, en atención a sus circunstancias personales o a las características profesionales de la actividad ejercida. Se extiende a los trabajadores autónomos económicamente dependientes la protección por las contingencias de accidentes de trabajo y enfermedades profesionales y se reconoce la posibilidad de jubilación anticipada para aquellos trabajadores autónomos que desarrollen una actividad tóxica, peligrosa o penosa, en las mismas condiciones previstas para el Régimen General. Se trata de medidas que, junto con las previstas en las disposiciones adicionales, tienden a favorecer la convergencia del Régimen Especial de Trabajadores por Cuenta Propia o Autónomos con el Régimen General.

Finalmente, el Título V está dedicado al fomento y promoción del trabajo autónomo, estableciendo medidas dirigidas a promover la cultura emprendedora, a reducir los costes en el inicio de la actividad, a impulsar la formación profesional y a favorecer el trabajo autónomo mediante una política fiscal adecuada. Se trata, pues, de las líneas generales de lo que deben ser las políticas activas de fomento del autoempleo, líneas que han de ser materializadas y desarrolladas en función de la realidad socioeconómica.

V

La disposición adicional primera se refiere a la reforma del Texto Refundido de la Ley de Procedimiento Laboral. Las modificaciones son las estrictamente necesarias como consecuencia de la inclusión de las controversias derivadas de los contratos de los trabajadores autónomos económicamente dependientes en el ámbito de la Jurisdicción Social. En coherencia con ello, también se establece la obligatoriedad de la conciliación previa no sólo ante el servicio administrativo correspondiente, sino también ante el órgano que eventualmente se haya podido crear mediante acuerdo de interés profesional.

La disposición adicional segunda supone el reconocimiento para que ciertos colectivos o actividades gocen de peculiaridades en materia de cotización, como complemento de las medidas de fomento del autoempleo. Se hace un mandato concreto para establecer reducciones en la cotización de los siguientes colectivos de trabajadores autónomos: los que ejercen una actividad por cuenta propia junto con otra actividad por cuenta ajena, de tal modo que la suma de ambas cotizaciones supera la base máxima, los hijos de trabajadores autónomos menores de 30 años que inician una labor en la actividad familiar y los trabajadores autónomos que se dediquen a la venta ambulante o a la venta a domicilio.

La disposición adicional tercera recoge la obligación de que en el futuro todos los trabajadores autónomos que no lo hayan hecho tengan que optar por la cobertura de la incapacidad temporal, medida que favorece la convergencia con el Régimen General, así como la necesidad de llevar a cabo un estudio sobre las profesiones o actividades con mayor siniestralidad, en las que los colectivos de autónomos afectados deberán cubrir las contingencias profesionales.

La disposición adicional cuarta regula la prestación por cese de actividad. Recoge el compromiso del Gobierno para que, siempre que estén garantizados los principios de contributividad, solidaridad y sostenibilidad financiera y ello responda a las necesidades y preferencias de los trabajadores autónomos, proponga a las Cortes Generales la regulación de un sistema específico de protección por cese de actividad para los mismos, en función de sus características personales o de la naturaleza de la actividad ejercida.

La disposición adicional quinta especifica que lo dispuesto en el apartado 2 del artículo 23, en los artículos 24 a 26 y en el párrafo c), apartado 2, del artículo 27, así como en las disposiciones adicionales segunda y tercera y en la disposición final segunda de la presente Ley no serán de aplicación a los trabajadores por cuenta propia o autónomos que, en los términos establecidos en la disposición adicional decimoquinta de la Ley 30/1995, de supervisión y ordenación de los seguros privados, hayan optado u opten en el futuro por adscribirse a la Mutualidad de Previsión Social que tenga constituida el Colegio Profesional al que pertenezcan y que actúe como alternativa al Régimen Especial de la Seguridad Social de los trabajadores por Cuenta Propia o Autónomos.

La disposición adicional sexta establece la necesidad de adecuación de la norma a las competencias autonómicas relativas a representatividad y registro especial de las asociaciones profesionales de autónomos en el ámbito territorial autonómico.

La disposición adicional séptima establece la posibilidad de actualizar las bases de cotización diferenciadas, reducciones o bonificaciones previstas para determinados colectivos de trabajadores autónomos en atención a sus especiales características, por medio de la Ley de Presupuestos Generales del Estado.

La disposición adicional octava señala que el Gobierno planteará la presencia de los trabajadores autónomos en el Consejo Económico y Social, teniendo en cuenta la evolución del Consejo del Trabajo Autónomo en la representación de los mismos y el informe preceptivo del precitado Consejo Económico y Social.

La disposición adicional novena determina que se presentará un estudio por el Gobierno en un año sobre la evolución de la medida de pago único de la prestación por desempleo para el inicio de actividades por cuenta propia y a la posible ampliación de los porcentajes actuales de la capitalización dependiendo de los resultados de tal estudio.

La disposición adicional décima se refiere al encuadramiento en la Seguridad Social de los familiares del trabajador autónomo, aclarando que los trabajadores autónomos podrán contratar, como trabajadores por cuenta ajena, a los hijos menores de treinta años aunque éstos convivan con el trabajador autónomo y quedando excluida la cobertura por desempleo de los mismos.

La disposición adicional undécima supone adoptar para los trabajadores autónomos del sector del transporte la referencia del artículo 1.3 g) del Texto Refundido del Estatuto de los Trabajadores, de inclusión en el ámbito subjetivo de la presente Ley, matizando los requisitos que en este caso deben cumplirse para los trabajadores autónomos de este sector para su consideración de trabajadores autónomos económicamente dependientes.

La disposición adicional duodécima establece la participación de trabajadores autónomos en programas de formación e información de prevención de riesgos laborales, con la finalidad de reducir la siniestralidad y evitar la aparición de enfermedades profesionales en los respectivos sectores, por medio de las asociaciones representativas de los trabajadores autónomos y las organizaciones sindicales más representativas.

La disposición adicional decimotercera introduce incrementos en la reducción y la bonificación de la cotización a la Seguridad Social así como los periodos respectivos aplicables a los nuevos trabajadores incluidos en el Régimen Especial de la Seguridad Social de los Trabajadores por Cuenta Propia o Autónomos que tengan 30 o menos años de edad y 35 años en el caso de trabajadoras autónomas, dando nueva redacción a la disposición adicional trigésima quinta de la Ley General de la Seguridad Social, texto refundido aprobado por Real Decreto Legislativo 1/1994, de 20 de junio.

La disposición adicional decimocuarta señala un plazo de un año para que el Gobierno elabore un estudio sobre los sectores de actividad que tienen una especial incidencia en el colectivo de trabajadores autónomos.

La disposición adicional decimoquinta establece un plazo de un año para que el Gobierno presente un estudio sobre la actualización de la normativa que regula el Régimen Especial de los Trabajadores Autónomos establecida esencialmente en el Decreto 2530/1970, de 20 de agosto.

La disposición adicional decimosexta determina el plazo de un año para que el Gobierno realice, en colaboración con las entidades más representativas de trabajadores autónomos, una campaña de difusión e información sobre la normativa y las características del Régimen Especial del Trabajador Autónomo.

La disposición adicional decimoséptima supone la determinación reglamentaria de los supuestos en que los agentes de seguros quedarían sujetos al contrato de trabajadores autónomos económicamente dependientes, sin afectar en ningún caso a la relación mercantil de aquellos.

Las disposiciones adicionales decimoctava y decimonovena se refieren, respectivamente, a los casos específicos de las personas con discapacidad y de los agentes comerciales.

De las disposiciones transitorias cabe destacar que la transitoria primera establece un plazo de seis meses para la adaptación de estatutos y reconocimiento de la personalidad jurídica de las asociaciones. La transitoria segunda fija los plazos de adaptación de los contratos vigentes de los trabajadores económicamente dependientes con una especificidad en el plazo de adaptación de dichos contratos en la transitoria tercera para los sectores del transporte y de los agentes de seguros.

La disposición final primera establece el título competencial que habilita al Estado a dictar esta Ley. En concreto la Ley se dicta al amparo de lo dispuesto en el artículo 149.1.5.ª, legislación sobre Administración de Justicia, 6.ª, legislación mercantil y procesal, 7.ª, legislación laboral, 8.ª, legislación civil y 17.ª, legislación básica y régimen económico de la Seguridad Social.

La disposición final segunda recoge el principio general del Pacto de Toledo de lograr la equiparación en aportaciones, derechos y obligaciones de los trabajadores autónomos con los trabajadores por cuenta ajena incluidos en el Régimen General.

La disposición final tercera habilita al Gobierno para dictar las disposiciones reglamentarias de ejecución y desarrollo necesarias para la aplicación de la Ley.

La disposición final cuarta establece que el Gobierno deberá informar a las Cortes Generales anualmente de la ejecución de previsiones contenidas en la presente Ley, incorporando en dicho informe el dictamen de los Órganos Consultivos.

La disposición final quinta establece un plazo de un año para el desarrollo reglamentario de la Ley en lo relativo al contrato de trabajo de los trabajadores autónomos económicamente dependientes.

La disposición final sexta establece una «vacatio legis» de tres meses, plazo que se considera adecuado para la entrada en vigor de la Ley.

TÍTULO I
Ámbito de aplicación subjetivo

ART. 1. Supuestos incluidos.

1. La presente ley se aplicará a las personas físicas que realicen de forma habitual, personal, directa, por cuenta propia y fuera del ámbito de dirección y organización de otra persona, una actividad económica o profesional a título lucrativo, den o no ocupación a trabajadores por cuenta ajena.

También será de aplicación esta ley a los trabajos, realizados de forma habitual, por familiares de las personas definidas en el párrafo anterior que no tengan la condición de trabajadores por cuenta ajena, conforme a lo establecido en el artículo 1.3.e) del texto refundido de la Ley del Estatuto de los Trabajadores, aprobado por el Real Decreto Legislativo 2/2015, de 23 de octubre.

2. Se declaran expresamente comprendidos en el ámbito de aplicación de esta Ley, siempre que cumplan los requisitos a los que se refiere el apartado anterior:

a) Los socios industriales de sociedades regulares colectivas y de sociedades comanditarias.

b) Los comuneros de las comunidades de bienes y los socios de sociedades civiles irregulares, salvo que su actividad se limite a la mera administración de los bienes puestos en común.

c) Quienes ejerzan las funciones de dirección y gerencia que conlleva el desempeño del cargo de consejero o administrador, o presten otros servicios para una sociedad mercantil capitalista, a título lucrativo y de forma habitual, personal y directa, cuando posean el control efectivo, directo o indirecto de aquélla, en los términos previstos en la disposición adicional vigésima séptima del texto refundido de la Ley General de la Seguridad Social aprobado por Real Decreto Legislativo 1/1994, de 20 de junio.

d) Los trabajadores autónomos económicamente dependientes a los que se refiere el Capítulo III del Título II de la presente Ley.

e) Cualquier otra persona que cumpla con los requisitos establecidos en el artículo 1.1 de la presente Ley.

3. Las inclusiones a las que se refiere el apartado anterior se entenderán sin perjuicio de la aplicación de sus respectivas normas específicas.

4. La presente Ley será de aplicación a los trabajadores autónomos extranjeros que reúnan los requisitos previstos en la Ley Orgánica 4/2000, de 11 de enero, de derechos y libertades de los extranjeros en España y su integración social.

Apdo. 1 modificado por Real Decreto-ley 13/2022, de 26 de julio, por el que se establece un nuevo sistema de cotización para los trabajadores por cuenta propia o autónomos y se mejora la protección por cese de actividad. (BOE de 27/07/2022).

Ver art. 3 del Decreto 2530/1970, de 20 de agosto, por el que se regula el régimen especial de la Seguridad Social de los trabajadores por cuenta propia o autónomos.

Apdo. 2.a): Ver arts. 116 a 243 C.com.

Apdo. 2.b): Ver arts. 392 (definición de la comunidad de bienes) y 1665 (sociedad civil) del Código Civil.

Apdo. 2.d): Ver arts. 11 a 18 de esta ley.

ART. 2. Supuestos excluidos.

Se entenderán expresamente excluidas del ámbito de aplicación de la presente Ley, aquellas prestaciones de servicios que no cumplan con los requisitos del artículo 1.1, y en especial:

a) Las relaciones de trabajo por cuenta ajena a que se refiere el artículo 1.1 del texto refundido de la Ley del Estatuto de los Trabajadores, aprobado por Real Decreto Legislativo 1/1995, de 24 de marzo.

b) La actividad que se limita pura y simplemente al mero desempeño del cargo de consejero o miembro de los órganos de administración en las empresas que revistan la forma jurídica de sociedad, de conformidad con lo establecido en el artículo 1.3.c) del texto refundido de la Ley del Estatuto de los Trabajadores, aprobado por Real Decreto Legislativo 1/1995, de 24 de marzo.

c) Las relaciones laborales de carácter especial a las que se refiere el artículo 2 del texto refundido de la Ley del Estatuto de los Trabajadores, aprobado por Real Decreto Legislativo 1/1995, de 24 de marzo y disposiciones complementarias.

Las referencias al ET de 1995 se entienden hechas al RDLeg. 2/2015, de 23 de octubre, por el que se aprueba el texto refundido de la Ley del Estatuto de los Trabajadores.

Ver art. 5 Decreto 2530/1970, de 20 de agosto, por el que se regula el régimen especial de la Seguridad Social de los trabajadores por cuenta propia o autónomos.

TÍTULO II
Régimen profesional del trabajador autónomo

CAPÍTULO I
Fuentes del régimen profesional

ART. 3. Fuentes del régimen profesional.

1. El régimen profesional del trabajador autónomo se regirá por:

a) Las disposiciones contempladas en la presente Ley, en lo que no se opongan a las legislaciones específicas aplicables a su actividad así como al resto de las normas legales y reglamentarias complementarias que sean de aplicación.

b) La normativa común relativa a la contratación civil, mercantil o administrativa reguladora de la correspondiente relación jurídica del trabajador autónomo.

c) Los pactos establecidos individualmente mediante contrato entre el trabajador autónomo y el cliente para el que desarrolle su actividad profesional. Se entenderán nulas y sin efectos las cláusulas establecidas en el contrato individual contrarias a las disposiciones legales de derecho necesario.

d) Los usos y costumbres locales y profesionales.

2. Los acuerdos de interés profesional serán, asimismo, fuente del régimen profesional de los trabajadores autónomos económicamente dependientes.

Toda cláusula del contrato individual de un trabajador autónomo económicamente dependiente afiliado a un sindicato o asociado a una organización de autónomos, será nula cuando contravenga lo dispuesto en un acuerdo de interés profesional firmado por dicho sindicato o asociación que le sea de aplicación a dicho trabajador por haber prestado su consentimiento.

3. En virtud de lo dispuesto en la disposición final primera del texto refundido de la Ley del Estatuto de los Trabajadores, aprobado por Real Decreto Legislativo 1/1995, de 24 de marzo, el trabajo realizado por cuenta propia no estará sometido a la legislación laboral, excepto en aquellos aspectos que por precepto legal se disponga expresamente.

Apdo. 1.a): Ver RD 197/2009, de 23 de febrero, por el que se desarrolla el Estatuto del Trabajo Autónomo en materia de contrato del trabajador autónomo económicamente dependiente y su registro y se crea el Registro Estatal de asociaciones profesionales de trabajadores autónomos.

Apdo. 1.c): Ver art. 1255 Código Civil.

Apdo. 2: Ver art. 13 de esta ley.

Apdo. 3: Ver D.A. 1.ª RDLeg. 2/2015, de 23 de octubre, por el que se aprueba el texto refundido de la Ley del Estatuto de los Trabajadores

CAPÍTULO II
Régimen profesional común del trabajador autónomo

ART. 4. Derechos profesionales.

1. Los trabajadores autónomos tienen derecho al ejercicio de los derechos fundamentales y libertades públicas reconocidos en la Constitución Española y en los tratados y acuerdos internacionales ratificados por España sobre la materia.

2. El trabajador autónomo tiene los siguientes derechos básicos individuales, con el contenido y alcance que para cada uno de ellos disponga su normativa específica:

a) Derecho al trabajo y a la libre elección de profesión u oficio.

b) Libertad de iniciativa económica y derecho a la libre competencia.

c) Derecho de propiedad intelectual sobre sus obras o prestaciones protegidas.

3. En el ejercicio de su actividad profesional, los trabajadores autónomos tienen los siguientes derechos individuales:

a) A la igualdad ante la ley y a no ser discriminados, directa o indirectamente, por razón de nacimiento, origen racial o étnico, sexo, estado civil, religión, convicciones, discapacidad, edad, orientación e identidad sexual, expresión de género, características sexuales, uso de alguna de las lenguas oficiales dentro de España o cualquier otra condición o circunstancia personal o social.

b) A no ser discriminados por razones de discapacidad, de conformidad con lo establecido en el texto refundido de la Ley General de derechos de las personas con discapacidad y de su inclusión social, aprobado por el Real Decreto Legislativo 1/2013, de 29 de noviembre.

c) Al respeto de su intimidad y a la consideración debida a su dignidad, así como a una adecuada protección frente al acoso sexual y al acoso por razón de sexo o por cualquier otra circunstancia o condición personal o social.

d) A la formación y readaptación profesionales.

e) A su integridad física y a una protección adecuada de su seguridad y salud en el trabajo.

f) A la percepción puntual de la contraprestación económica convenida por el ejercicio profesional de su actividad.

g) A la conciliación de su actividad profesional con la vida personal y familiar, con el derecho a suspender su actividad en las situaciones de nacimiento, ejercicio corresponsable del cuidado del lactante, riesgo durante el embarazo, riesgo durante la lactancia, y adopción, guarda con fines de adopción y acogimiento familiar, de conformidad con el Código Civil o las leyes civiles de las Comunidades Autónomas que lo regulen, siempre que, en este último caso su duración no sea inferior a un año.

h) A la asistencia y prestaciones sociales suficientes ante situaciones de necesidad, de conformidad con la legislación de la Seguridad Social, incluido el derecho a la protección en las situaciones de nacimiento, ejercicio corresponsable del cuidado del lactante, riesgo durante el embarazo, riesgo durante la lactancia y adopción, guarda con fines de adopción y acogimiento familiar, de conformidad con el Código Civil o las leyes civiles de las Comunidades Autónomas que lo regulen, siempre que, en este último caso su duración no sea inferior a un año.

i) Al ejercicio individual de las acciones derivadas de su actividad profesional.

j) A la tutela judicial efectiva de sus derechos profesionales, así como al acceso a los medios extrajudiciales de solución de conflictos.

k) Cualesquiera otros que se deriven de los contratos por ellos celebrados.

Apdo. 3.a) modificado por Ley 4/2023, de 28 de febrero, para la igualdad real y efectiva de las personas trans y para la garantía de los derechos de las personas LGTBI. (BOE de 01/03/2023).

Apdo. 3.g) y h) modificados por Real Decreto-ley 6/2019, de 1 de marzo, de medidas urgentes para garantía de la igualdad de trato y de oportunidades entre mujeres y hombres en el empleo y la ocupación. (BOE de 07/03/2019).

Apdo. 2.c): Ver RDLeg. 1/1996, de 12 de abril, por el que se aprueba el texto refundido de la Ley de Propiedad Intelectual.

Apdo. 3.d): Ver art. 28 de esta Ley.

Apdo. 3.e): Ver art. 8 de esta Ley.

Apdo. 3.f): Ver art. 10 de esta Ley.

Apdo. 3.g): Ver arts. 5 a 7 de la Ley 6/2017, de 24 de octubre, de Reformas Urgentes del Trabajo Autónomo.

Apdo. 3.g): Ver art. 26 de esta Ley.

Apdo. 3.j): Ver Resolución de 10 de febrero de 2012, de la Dirección General de Empleo, por la que se registra y publica el V Acuerdo sobre solución autónoma de conflictos laborales (sistema extrajudicial). (ASAC V)

ART. 5. Deberes profesionales básicos.

Son deberes profesionales básicos de los trabajadores autónomos los siguientes:

a) Cumplir con las obligaciones derivadas de los contratos por ellos celebrados, a tenor de los mismos, y con las consecuencias que, según su naturaleza, sean conformes a la buena fe, a los usos y a la ley.

b) Cumplir con las obligaciones en materia de seguridad y salud laborales que la ley o los contratos que tengan suscritos les impongan, así como seguir las normas de carácter colectivo derivadas del lugar de prestación de servicios.

c) Afiliarse, comunicar las altas y bajas y cotizar al régimen de la Seguridad Social en los términos previstos en la legislación correspondiente.

d) Cumplir con las obligaciones fiscales y tributarias establecidas legalmente.

e) Cumplir con cualesquiera otras obligaciones derivadas de la legislación aplicable.

f) Cumplir con las normas deontológicas aplicables a la profesión.

Letra a): Ver art. 1258 Código Civil.

Letra b): Ver arts. 3, 15.5, 24.5 LPRL; 11.2 RD. 1627/1997, de 24 de octubre, por el que se establecen disposiciones mínimas de seguridad y de salud en las obras de construcción; D.A. 12.ª de esta Ley.

Letra c): Ver arts. 24 y 25 de esta ley; Ver art. 46.5.d) RD. 84/1996, de 26 de enero, por el que se aprueba el Reglamento General sobre inscripción de empresas y afiliación, altas, bajas y variaciones de datos de trabajadores en la Seguridad Social.

Letra d): Ver Ley 35/2006, de 28 de noviembre, del Impuesto sobre la Renta de las Personas Físicas y Ley 37/1992, de 28 de diciembre, del Impuesto sobre el Valor Añadido.

ART. 6. Derecho a la no discriminación y garantía de los derechos fundamentales y libertades públicas.

1. Los poderes públicos deben garantizar la efectividad de los derechos fundamentales y libertades públicas del trabajador autónomo.

2. Los poderes públicos y quienes contraten la actividad profesional de los trabajadores autónomos quedan sometidos a la prohibición de discriminación, tanto directa como indirecta, de dichos trabajadores, por los motivos señalados en el artículo 4.3.a) de la presente Ley. La prohibición de discriminación afectará tanto a la libre iniciativa económica y a la contratación, como a las condiciones del ejercicio profesional.

3. Cualquier trabajador autónomo, las asociaciones que lo representen o los sindicatos que consideren lesionados sus derechos fundamentales o la concurrencia de un tratamiento discriminatorio podrán recabar la tutela del derecho ante el orden jurisdiccional competente por razón de la materia, mediante un procedimiento sumario y preferente. Si el órgano judicial estimara probada la vulneración del derecho denunciado, declarará la nulidad radical y el cese inmediato de la conducta y, cuando proceda, la reposición de la situación al momento anterior a producirse, así como la reparación de las consecuencias derivadas del acto.

4. Las cláusulas contractuales que vulneren el derecho a la no discriminación o cualquier derecho fundamental serán nulas y se tendrán por no puestas. El juez que declare la invalidez de dichas cláusulas integrará el contrato con arreglo a lo dispuesto en el artículo 1258 del Código Civil y, en su caso, determinará la indemnización correspondiente por los perjuicios sufridos.

5. En relación con el derecho a la igualdad y no discriminación por razón de sexo se estará a lo previsto en la Ley Orgánica 3/2007, de 22 de marzo, para la igualdad efectiva de mujeres y hombres.

Apdo. 3: Ver art. 19 de esta Ley.

Apdo. 4: Ver arts. 1101 y ss. Código Civil.

ART. 7. Forma y duración del contrato.

1. Los contratos que concierten los trabajadores autónomos de ejecución de su actividad profesional podrán celebrarse por escrito o de palabra. Cada una de las partes podrá exigir de la otra, en cualquier momento, la formalización del contrato por escrito.

2. El contrato podrá celebrarse para la ejecución de una obra o serie de ellas, o para la prestación de uno o más servicios y tendrá la duración que las partes acuerden.

Apdo. 1: Ver art. 1278 Código Civil.

Apdo. 2: Ver arts. 1583 (arrendamiento de servicios) y 1588 a 1600 (contrato de obras), Código Civil.

ART. 8. Prevención de riesgos laborales.

1. Las Administraciones Públicas competentes asumirán un papel activo en relación con la prevención de riesgos laborales de los trabajadores autónomos, por medio de actividades de promoción de la prevención, asesoramiento técnico, vigilancia y control del cumplimiento por los trabajadores autónomos de la normativa de prevención de riesgos laborales.

2. Las Administraciones Públicas competentes promoverán una formación en prevención específica y adaptada a las peculiaridades de los trabajadores autónomos.

3. Cuando en un mismo centro de trabajo desarrollen actividades trabajadores autónomos y trabajadores de otra u otras empresas, así como cuando los trabajadores autónomos ejecuten su actividad profesional en los locales o centros de trabajo de las empresas para las que presten servicios, serán de aplicación para todos ellos los deberes de cooperación, información e instrucción previstos en los apartados 1 y 2 del artículo 24 de la Ley 31/1995, de 8 de noviembre, de Prevención de Riesgos Laborales.

4. Las empresas que contraten con trabajadores autónomos la realización de obras o servicios correspondientes a la propia actividad de aquéllas, y que se desarrollen en sus propios centros de trabajo, deberán vigilar el cumplimiento de la normativa de prevención de riesgos laborales por estos trabajadores.

5. Cuando los trabajadores autónomos deban operar con maquinaria, equipos, productos, materias o útiles proporcionados por la empresa para la que ejecutan su actividad profesional, pero no realicen esa actividad en el centro de trabajo de tal empresa, ésta asumirá las obligaciones consignadas en el último párrafo del artículo 41.1 de la Ley 31/1995, de 8 de noviembre, de Prevención de Riesgos Laborales.

6. En el caso de que las empresas incumplan las obligaciones previstas en los apartados 3 a 5 del presente artículo, asumirán las obligaciones indemnizatorias de los daños y perjuicios ocasionados, siempre y cuando haya relación causal directa entre tales incumplimientos y los perjuicios y daños causados.

La responsabilidad del pago establecida en el párrafo anterior, que recaerá directamente sobre el empresario infractor, lo será con independencia de que el trabajador autónomo se haya acogido o no a las prestaciones por contingencias profesionales.

7. El trabajador autónomo tendrá derecho a interrumpir su actividad y abandonar el lugar de trabajo cuando considere que dicha actividad entraña un riesgo grave e inminente para su vida o salud.

8. Las disposiciones contenidas en el presente artículo se aplicarán sin perjuicio de las obligaciones legales establecidas para los trabajadores autónomos con asalariados a su cargo en su condición de empresarios.

Apdo. 3: Ver RD 171/2004, de 30 de enero, por el que se desarrolla el artículo 24 de la Ley 31/1995, de 8 de noviembre, de Prevención de Riesgos Laborales, en materia de coordinación de actividades empresariales.

Apdo. 6: Ver art. 1101 CC; 15.5 LPRL; RD. 1273/2003, de 10 de octubre, por el que se regula la cobertura de las contingencias profesionales de los trabajadores incluidos en el Régimen Especial de la Seguridad Social de los Trabajadores por Cuenta Propia o Autónomos, y la ampliación de la prestación por incapacidad temporal para los trabajadores por cuenta propia.

Apdo. 7: Ver art. 21 LPRL.

ART. 9. Protección de menores.

1. Los menores de dieciséis años no podrán ejecutar trabajo autónomo ni actividad profesional, ni siquiera para sus familiares.

2. No obstante lo dispuesto en el apartado anterior, en el caso de prestaciones de servicios en espectáculos públicos se estará a lo establecido en el artículo 6.4 del Texto Refundido de la Ley del Estatuto de los Trabajadores, aprobado por Real decreto legislativo 1/1995, de 24 de marzo.

Las referencias al ET de 1995 se entienden hechas al RDLeg. 2/2015, de 23 de octubre, por el que se aprueba el texto refundido de la Ley del Estatuto de los Trabajadores

ART. 10. Garantías económicas.

1. Los trabajadores autónomos tienen derecho a la percepción de la contraprestación económica por la ejecución del contrato en el tiempo y la forma convenidos y de conformidad con lo previsto en la Ley 3/2004, de 29 de diciembre, que establece medidas de lucha contra la morosidad en las operaciones comerciales.

2. Cuando el trabajador autónomo ejecute su actividad profesional para un contratista o subcontratista, tendrá acción contra el empresario principal, hasta el importe de la deuda que éste adeude a aquél al tiempo de la reclamación, salvo que se trate de construcciones, reparaciones o servicios contratados en el seno del hogar familiar.

3. En materia de garantía del cobro de los créditos por el trabajo personal del trabajador autónomo se estará a lo dispuesto en la normativa civil y mercantil sobre privilegios y preferencias, así como en la Ley 22/2003, de 9 de julio, Concursal, quedando en todo caso los trabajadores autónomos económicamente dependientes sujetos a la situación de privilegio general recogida en el artículo 91.3 de dicha Ley.

4. El trabajador autónomo responderá de sus obligaciones con todos sus bienes presentes y futuros, sin perjuicio de la inembargabilidad de los bienes establecida en los artículos 605, 606 y 607 de la Ley 1/2000, de 7 de enero, de Enjuiciamiento Civil, o de las limitaciones y exoneraciones de responsabilidad previstas legalmente que le sean de aplicación.

5. A efectos de la satisfacción y cobro de las deudas de naturaleza tributaria y cualquier tipo de deuda que sea objeto de la gestión recaudatoria en el ámbito del Sistema de la Seguridad Social, embargado administrativamente un bien inmueble, si el trabajador autónomo acreditara fehacientemente que se trata de una vivienda que constituye su residencia habitual, la ejecución del embargo quedará condicionada, en primer lugar, a que no resulten conocidos otros bienes del deudor suficientes susceptibles de realización inmediata en el procedimiento ejecutivo, y en segundo lugar, a que entre la notificación de la primera diligencia de embargo y la realización material de la subasta, el concurso o cualquier otro

medio administrativo de enajenación medie el plazo mínimo de dos años. Este plazo no se interrumpirá ni se suspenderá, en ningún caso, en los supuestos de ampliaciones del embargo originario o en los casos de prórroga de las anotaciones registrales.

Modificado por Ley 31/2015, de 9 de septiembre, por la que se modifica y actualiza la normativa en materia de autoempleo y se adoptan medidas de fomento y promoción del trabajo autónomo y de la Economía Social. (BOE de 10-09-2015).

Apdo. 1: Ver Directiva 2011/7/UE del Parlamento Europeo y del Consejo, de 16 de febrero de 2011, por la que se establecen medidas de lucha contra la morosidad en las operaciones comerciales.

Apdo. 2: Ver art. 42 ET.

CAPÍTULO III
Régimen profesional del trabajador autónomo económicamente dependiente

Ver art. 1.2.d) de esta ley y Real Decreto 197/2009, de 23 de febrero, por el que se desarrolla el Estatuto del Trabajo Autónomo en materia de contrato del trabajador autónomo económicamente dependiente y su registro y se crea el Registro Estatal de asociaciones profesionales de trabajadores autónomos.

ART. 11. Concepto y ámbito subjetivo.

1. Los trabajadores autónomos económicamente dependientes a los que se refiere el artículo 1.2.d) de la presente Ley son aquéllos que realizan una actividad económica o profesional a título lucrativo y de forma habitual, personal, directa y predominante para una persona física o jurídica, denominada cliente, del que dependen económicamente por percibir de él, al menos, el 75 por ciento de sus ingresos por rendimientos de trabajo y de actividades económicas o profesionales.

2. Para el desempeño de la actividad económica o profesional como trabajador autónomo económicamente dependiente, éste deberá reunir simultáneamente las siguientes condiciones:

a) No tener a su cargo trabajadores por cuenta ajena ni contratar o subcontratar parte o toda la actividad con terceros, tanto respecto de la actividad contratada con el cliente del que depende económicamente como de las actividades que pudiera contratar con otros clientes.

Lo dispuesto en el párrafo anterior, respecto de la prohibición de tener a su cargo trabajadores por cuenta ajena, no será de aplicación en los siguientes supuestos y situaciones, en los que se permitirá la contratación de un único trabajador:

1. Supuestos de riesgo durante el embarazo y riesgo durante la lactancia natural de un menor de nueve meses.

2. Períodos de descanso por nacimiento, adopción, guarda con fines de adopción y acogimiento familiar.

3. Por cuidado de menores de siete años que tengan a su cargo.

4. Por tener a su cargo un familiar, por consanguinidad o afinidad hasta el segundo grado inclusive, en situación de dependencia, debidamente acreditada.

5. Por tener a su cargo un familiar, por consanguinidad o afinidad hasta el segundo grado inclusive, con una discapacidad igual o superior al 33 por ciento, debidamente acreditada.

En estos supuestos, el Trabajador Autónomo Económicamente Dependiente tendrá el carácter de empresario, en los términos previstos por el artículo 1.2 del texto refundido de la Ley del Estatuto de los Trabajadores.

En lo no previsto expresamente, la contratación del trabajador por cuenta ajena se regirá por lo previsto por el artículo 15.1.c) del texto refundido de la Ley del Estatuto de los Trabajadores y sus normas de desarrollo. Para los supuestos previstos en los números 3, 4 y 5 anteriores, el contrato se celebrará por una jornada equivalente a la reducción de la actividad efectuada por el trabajador autónomo sin que pueda superar el 75 por ciento de la jornada de un trabajador a tiempo completo comparable, en cómputo anual. A estos efectos se entenderá por trabajador a tiempo completo comparable lo establecido en el artículo 12 del texto refundido de la Ley del Estatuto de los Trabajadores. En estos supuestos, la duración del contrato estará vinculada al mantenimiento de la situación de cuidado de menor de siete años o persona en situación de dependencia o discapacidad a cargo del trabajador autónomo, con una duración máxima, en todo caso, de doce meses.

Solamente se permitirá la contratación de un único trabajador por cuenta ajena aunque concurran dos o más de los supuestos previstos. Finalizada la causa que dio lugar a dicha contratación, el trabajador autónomo podrá celebrar un nuevo contrato con un trabajador por cuenta ajena por cualquiera de las causas previstas anteriormente, siempre que, en todo caso, entre el final de un contrato y la nueva contratación transcurra un periodo mínimo de doce meses, salvo que el nuevo contrato tuviera como causa alguna de las previstas en los números 1 y 2.

No obstante, en los supuestos de suspensión del contrato de trabajo por incapacidad temporal, nacimiento, adopción, guarda con fines de adopción o acogimiento familiar, riesgo durante el embarazo o lactancia natural o protección de mujer víctima de violencia de género, así como en los supuestos de extinción del contrato por causas procedentes, la persona trabajadora autónoma podrá contratar a un trabajador o trabajadora para sustituir a la persona inicialmente contratada, sin que, en ningún momento, ambas personas trabajadoras por cuenta ajena puedan prestar sus servicios de manera simultánea y sin que, en ningún caso, se supere el período máximo de duración de la contratación previsto en el presente apartado.

En los supuestos previstos en los números 3, 4 y 5, solamente se permitirá la contratación de un trabajador por cuenta ajena por cada menor de siete años o familiar en situación de dependencia o discapacidad igual o superior al 33 por ciento.

La contratación por cuenta ajena reglada por el presente apartado será compatible con la bonificación por conciliación de la vida profesional y familiar vinculada a la contratación, prevista en el artículo 30 de esta Ley.

b) No ejecutar su actividad de manera indiferenciada con los trabajadores que presten servicios bajo cualquier modalidad de contratación laboral por cuenta del cliente.

c) Disponer de infraestructura productiva y material propios, necesarios para el ejercicio de la actividad e independientes de los de su cliente, cuando en dicha actividad sean relevantes económicamente.

d) Desarrollar su actividad con criterios organizativos propios, sin perjuicio de las indicaciones técnicas que pudiese recibir de su cliente.

e) Percibir una contraprestación económica en función del resultado de su actividad, de acuerdo con lo pactado con el cliente y asumiendo riesgo y ventura de aquélla.

3. Los titulares de establecimientos o locales comerciales e industriales y de oficinas y despachos abiertos al público y los profesionales que ejerzan su profesión conjuntamente con otros en régimen societario o bajo cualquier otra forma jurídica admitida en derecho no tendrán en ningún caso la consideración de trabajadores autónomos económicamente dependientes.

Apdo. 2.a).2 y apdo. 5, quinto párrafo, modificados por Real Decreto-ley 6/2019, de 1 de marzo, de medidas urgentes para garantía de la igualdad de trato y de oportunidades entre mujeres y hombres en el empleo y la ocupación. (BOE de 07/03/2019).

Apdo. 2.e): Ver D.A. 19.ª de esta ley.

ART. 11 bis. Reconocimiento de la condición de trabajador autónomo económicamente dependiente.

El trabajador autónomo que reúna las condiciones establecidas en el artículo anterior podrá solicitar a su cliente la formalización de un contrato de trabajador autónomo económicamente dependiente a través de una comunicación fehaciente. En el caso de que el cliente se niegue a la formalización del contrato o cuando transcurrido un mes desde la comunicación no se haya formalizado dicho contrato, el trabajador autónomo podrá solicitar el reconocimiento de la condición de trabajador autónomo económicamente dependiente ante los órganos jurisdiccionales del orden social. Todo ello sin perjuicio de lo establecido en el apartado 3 del artículo 12 de la presente Ley.

En el caso de que el órgano jurisdiccional del orden social reconozca la condición de trabajador autónomo económicamente dependiente al entenderse cumplidas las condiciones recogidas en el artículo 11 apartados 1 y 2, el trabajador solo podrá ser considerado como tal desde el momento en que se hubiere recibido por el cliente la comunicación mencionada en el párrafo anterior. El reconocimiento judicial de la condición de trabajador autónomo económicamente dependiente no tendrá ningún efecto sobre la relación contractual entre las partes anterior al momento de dicha comunicación.

Añadido por Ley 36/2011, de 10 de octubre, reguladora de la jurisdicción social. (BOE de 11-10-2011).

Ver D.T. 4.ª de esta norma, sobre régimen transitorio del reconocimiento previsto en este artículo.

ART. 12. Contrato.

1. El contrato para la realización de la actividad profesional del trabajador autónomo económicamente dependiente celebrado entre éste y su cliente se formalizará siempre por escrito y deberá ser registrado en la oficina pública correspondiente. Dicho registro no tendrá carácter público.

2. El trabajador autónomo deberá hacer constar expresamente en el contrato su condición de dependiente económicamente respecto del cliente que le contrate, así como las variaciones que se produjeran al respecto. La condición de dependiente sólo se podrá ostentar respecto de un único cliente.

3. En el supuesto de un trabajador autónomo que contratase con varios clientes su actividad profesional o la prestación de sus servicios, cuando se produjera una circunstancia sobrevenida del trabajador autónomo, cuya consecuencia derivara en el cumplimiento de las condiciones establecidas en el artículo 11, se respetará íntegramente el contrato firmado entre ambas partes hasta la extinción del mismo, salvo que éstas acordasen modificarlo para actualizarlo a las nuevas condiciones que corresponden a un trabajador autónomo económicamente dependiente.

4. Cuando el contrato no se formalice por escrito o no se hubiera fijado una duración o un servicio determinado, se presumirá, salvo prueba en contrario, que el contrato ha sido pactado por tiempo indefinido.

Modificado por Ley 36/2011, de 10 de octubre, reguladora de la jurisdicción social. (BOE de 11-10-2011).

ART. 13. Acuerdos de interés profesional.

1. Los acuerdos de interés profesional previstos en el apartado 2 del artículo 3 de la presente Ley, concertados entre las asociaciones o sindicatos que representen a los trabajadores autónomos económicamente dependientes y las empresas para las que ejecuten su actividad podrán establecer las condiciones de modo, tiempo y lugar de ejecución de dicha actividad, así como otras condiciones generales de contratación. En todo caso, los acuerdos de interés profesional observarán los límites y condiciones establecidos en la legislación de defensa de la competencia.

2. Los acuerdos de interés profesional deberán concertarse por escrito.

3. Se entenderán nulas y sin efectos las cláusulas de los acuerdos de interés profesional contrarias a disposiciones legales de derecho necesario.

4. Los acuerdos de interés profesional se pactarán al amparo de las disposiciones del Código Civil. La eficacia personal de dichos acuerdos se limitará a las partes firmantes y, en su caso, a los afiliados a las asociaciones de autónomos o sindicatos firmantes que hayan prestado expresamente su consentimiento para ello.

Apdo. 1: Ver art. 19 de esta Ley; Ley 15/2007, de 3 de julio, de Defensa de la Competencia y su Reglamento (RD. 261/2008, de 22 de febrero)

ART. 14. Jornada de la actividad profesional.

1. El trabajador autónomo económicamente dependiente tendrá derecho a una interrupción de su actividad anual de 18 días hábiles, sin perjuicio de que dicho régimen pueda ser mejorado mediante contrato entre las partes o mediante acuerdos de interés profesional.

2. Mediante contrato individual o acuerdo de interés profesional se determinará el régimen de descanso semanal y el correspondiente a los festivos, la cuantía máxima de la jornada de actividad y, en el caso de que la misma se compute por mes o año, su distribución semanal.

3. La realización de actividad por tiempo superior al pactado contractualmente será voluntaria en todo caso, no pudiendo exceder del incremento máximo establecido mediante acuerdo de interés profesional. En ausencia de acuerdo de interés profesional, el incremento no podrá exceder del 30 por ciento del tiempo ordinario de actividad individualmente acordado.

4. El horario de actividad procurará adaptarse a los efectos de poder conciliar la vida personal, familiar y profesional del trabajador autónomo económicamente dependiente.

5. La trabajadora autónoma económicamente dependiente que sea víctima de violencia de género o de violencias sexuales tendrá derecho a la adaptación del horario de actividad con el objeto de hacer efectiva su protección o su derecho a la asistencia social integral.

Apdo. 5 modificado por Ley Orgánica 10/2022, de 6 de septiembre, de garantía integral de la libertad sexual. (BOE de 07/09/2022).

Apdo. 4: Ver Ley 39/1999, de 5 de noviembre, para promover la conciliación de la vida familiar y laboral de las personas trabajadoras; Ver arts. 5 a 7 Ley 6/2017, de 24 de octubre, de Reformas Urgentes del

Trabajo Autónomo; Ver RD. 128/2013, de 22 de febrero, sobre ordenación del tiempo de trabajo para los trabajadores autónomos que realizan actividades móviles de transporte por carretera.

Apdo. 5: Ver LO 1/2004, de 28 de diciembre, de Medidas de Protección Integral contra la Violencia de Género

ART. 15. Extinción contractual.

1. La relación contractual entre las partes se extinguirá por alguna de las siguientes circunstancias:

a) Mutuo acuerdo de las partes.

b) Causas válidamente consignadas en el contrato, salvo que las mismas constituyan abuso de derecho manifiesto.

c) Muerte y jubilación o invalidez incompatibles con la actividad profesional, conforme a la correspondiente legislación de Seguridad Social.

d) Desistimiento del trabajador autónomo económicamente dependiente, debiendo en tal caso mediar el preaviso estipulado o conforme a los usos y costumbres.

e) Voluntad del trabajador autónomo económicamente dependiente, fundada en un incumplimiento contractual grave de la contraparte.

f) Voluntad del cliente por causa justificada, debiendo mediar el preaviso estipulado o conforme a los usos y costumbres.

g) Por decisión de la trabajadora autónoma económicamente dependiente que se vea obligada a extinguir la relación contractual como consecuencia de ser víctima de violencia de género o de violencias sexuales.

h) Cualquier otra causa legalmente establecida.

2. Cuando la resolución contractual se produzca por la voluntad de una de las partes fundada en un incumplimiento contractual de la otra, quien resuelva el contrato tendrá derecho a percibir la correspondiente indemnización por los daños y perjuicios ocasionados.

3. Cuando la resolución del contrato se produzca por voluntad del cliente sin causa justificada, el trabajador autónomo económicamente dependiente tendrá derecho a percibir la indemnización prevista en el apartado anterior.

Si la resolución se produce por desistimiento del trabajador autónomo económicamente dependiente, y sin perjuicio del preaviso previsto en el párrafo d) del apartado 1 del presente artículo, el cliente podrá ser indemnizado cuando dicho desistimiento le ocasione un perjuicio importante que paralice o perturbe el normal desarrollo de su actividad.

4. Cuando la parte que tenga derecho a la indemnización sea el trabajador autónomo económicamente dependiente, la cuantía de la indemnización será la fijada en el contrato individual o en el acuerdo de interés profesional que resulte de aplicación. En los casos en que no estén regulados, a los efectos de determinar su cuantía se tomarán en consideración, entre otros factores, el tiempo restante previsto de duración del contrato, la gravedad del incumplimiento del cliente, las inversiones y gastos anticipados por el trabajador autónomo económicamente dependiente vinculados a la ejecución de la actividad profesional contratada y el plazo de preaviso otorgado por el cliente sobre la fecha de extinción del contrato.

Apdo. 1.g) modificado por Ley Orgánica 10/2022, de 6 de septiembre, de garantía integral de la libertad sexual. (BOE de 07/09/2022).

Apdo. 1.b): Ver art. 3.1.c) de esta ley.

Apdo. 1.c): Ver Decreto 2530/1970, de 20 de agosto, por el que se regula el régimen especial de la Seguridad Social de los trabajadores por cuenta propia o autónomos; RD 43/1984, de 4 de enero, sobre ampliación de la acción protectora de cobertura obligatoria en el Régimen Especial de la Seguridad Social de los Trabajadores por Cuenta Propia o Autónomos.

Apdo. 1.d): Ver art. 3.1.d) de esta ley.

Apdo. 1.g): V Ver LO 1/2004, de 28 de diciembre, de Medidas de Protección Integral contra la Violencia de Género.

Apdo. 3: Ver art. 1101 CC.

ART. 16. Interrupciones justificadas de la actividad profesional.

1. Se considerarán causas debidamente justificadas de interrupción de la actividad por parte del trabajador económicamente dependiente las fundadas en:

a) Mutuo acuerdo de las partes.

b) La necesidad de atender responsabilidades familiares urgentes, sobrevenidas e imprevisibles.

c) El riesgo grave e inminente para la vida o salud del trabajador autónomo, según lo previsto en el apartado 7 del artículo 8 de la presente ley.

d) Incapacidad temporal, nacimiento, adopción, guarda con fines de adopción o acogimiento familiar.

e) Riesgo durante el embarazo y riesgo durante la lactancia natural de un menor de 9 meses.

f) La situación de violencia de género o de violencias sexuales, para que la trabajadora autónoma económicamente dependiente haga efectiva su protección o su derecho a la asistencia social integral.

g) Fuerza mayor.

2. Mediante contrato o acuerdo de interés profesional podrán fijarse otras causas de interrupción justificada de la actividad profesional.

3. Las causas de interrupción de la actividad previstas en los apartados anteriores no podrán fundamentar la extinción contractual por voluntad del cliente prevista en la letra f) del apartado 1 del artículo anterior, todo ello sin perjuicio de otros efectos que para dichos supuestos puedan acordar las partes. Si el cliente diera por extinguido el contrato, tal circunstancia se consideraría como una falta de justificación a los efectos de lo dispuesto en el apartado 3 del artículo anterior.

No obstante, cuando en los supuestos contemplados en las letras d), e) y g) del apartado 1 la interrupción ocasione un perjuicio importante al cliente que paralice o perturbe el normal desarrollo de su actividad, podrá considerarse justificada la extinción del contrato, a efectos de lo dispuesto en la letra f) del apartado 1 del artículo anterior.

Los supuestos de nacimiento, adopción, guarda con fines de adopción, acogimiento familiar, y riesgo durante el embarazo y la lactancia natural de un menor de 9 meses, contemplados en las letras d) y e) del apartado 1 del presente artículo, se exceptuarán de lo dispuesto en el párrafo anterior, cuando el trabajador autónomo económicamente dependiente mantenga la actividad conforme a lo dispuesto en la letra a) del apartado 2 del artículo 11.

Apdo. 1.f) modificado por Ley Orgánica 10/2022, de 6 de septiembre, de garantía integral de la libertad sexual. (BOE de 07/09/2022).

Apdo. 1.d) y apdo. 3 modificados por Real Decreto-ley 6/2019, de 1 de marzo, de medidas urgentes para garantía de la igualdad de trato y de oportunidades entre mujeres y hombres en el empleo y la ocupación. (BOE de 07/03/2019).

ART. 17. Competencia jurisdiccional.

1. Los órganos jurisdiccionales del orden social serán los competentes para conocer las pretensiones derivadas del contrato celebrado entre un trabajador autónomo económicamente dependiente y su cliente, así como para las solicitudes de reconocimiento de la condición de trabajador autónomo económicamente dependiente.

2. Los órganos jurisdiccionales del orden social serán también los competentes para conocer de todas las cuestiones derivadas de la aplicación e interpretación de los acuerdos de interés profesional, sin perjuicio de lo dispuesto en la legislación de defensa de la competencia.

Modificado por Ley 36/2011, de 10 de octubre, reguladora de la jurisdicción social. (BOE de 11-10-2011).

ART. 18. Procedimientos no jurisdiccionales de solución de conflictos.

1. Será requisito previo para la tramitación de acciones judiciales en relación con el régimen profesional de los trabajadores autónomos económicamente dependientes el intento de conciliación o mediación ante el órgano administrativo que asuma estas funciones. No obstante, a tales efectos, los acuerdos de interés profesional a los que se refiere el artículo 13 de la presente Ley podrán instituir órganos específicos de solución de conflictos.

2. Los procedimientos no jurisdiccionales de solución de conflictos estarán basados en los principios de gratuidad, celeridad, agilidad y efectividad.

3. Lo acordado en avenencia tendrá fuerza ejecutiva entre las partes intervinientes, sin necesidad de ratificación ante el órgano judicial, pudiendo llevarse a efecto por el trámite de ejecución de sentencias.

4. Las partes podrán igualmente someter sus discrepancias a arbitraje voluntario. Se entenderán equiparados a las sentencias firmes los laudos arbitrales igualmente firmes dictados al efecto. El procedimiento arbitral se someterá a lo pactado entre las partes o

al régimen que en su caso se pueda establecer mediante acuerdo de interés profesional, entendiéndose aplicable, en su defecto, la regulación contenida en la Ley 60/2003, de 23 de diciembre, de Arbitraje, la Ley 16/1987, de 30 de julio, de Ordenación de Transportes Terrestres o en cualquier otra normativa específica o sectorial.

Apdo. 1: Ver D.A. 1.ª de esta ley.

TÍTULO III
Derechos colectivos del trabajador autónomo

ART. 19. Derechos colectivos básicos.

1. Los trabajadores autónomos son titulares de los derechos a:

a) Afiliarse al sindicato o asociación empresarial de su elección, en los términos establecidos en la legislación correspondiente.

b) Afiliarse y fundar asociaciones profesionales específicas de trabajadores autónomos sin autorización previa.

c) Ejercer la actividad colectiva de defensa de sus intereses profesionales.

2. Las asociaciones de trabajadores autónomos son titulares de los derechos de carácter colectivo a:

a) Constituir federaciones, confederaciones o uniones, previo el cumplimiento de los requisitos exigidos para la constitución de asociaciones, con acuerdo expreso de sus órganos competentes. Asimismo, podrán establecer los vínculos que consideren oportunos con organizaciones sindicales y asociaciones empresariales.

b) Concertar acuerdos de interés profesional para los trabajadores autónomos económicamente dependientes afiliados en los términos previstos en el artículo 13 de la presente Ley.

c) Ejercer la defensa y tutela colectiva de los intereses profesionales de los trabajadores autónomos.

d) Participar en los sistemas no jurisdiccionales de solución de las controversias colectivas de los trabajadores autónomos cuando esté previsto en los acuerdos de interés profesional.

3. Las asociaciones representativas de trabajadores autónomos también serán titulares de las facultades establecidas en el artículo 21.3 de la presente Ley.

4. Sin perjuicio de las facultades que corresponden a los sindicatos en el ejercicio del derecho a la libertad sindical, éstos gozarán, además, de todos los derechos del apartado 2 de este artículo respecto de sus trabajadores autónomos afiliados.

Modificado el apdo. 3 por Ley 6/2017, de 24 de octubre, de Reformas Urgentes del Trabajo Autónomo. (BOE de 25-10-2017). Vigente desde 26/10/2017.

Apdo. 1.a): Ver art. 3 LO 11/1985, de 2 de agosto, de Libertad Sindical

Apdo. 2.c): Ver D.A. 1.ª de esta ley.

ART. 20. Derecho de asociación profesional de los trabajadores autónomos.

1. Las asociaciones profesionales de trabajadores autónomos se constituirán y regirán por lo previsto en la Ley Orgánica 1/2002, de 22 de marzo, reguladora del Derecho de Asociación y sus normas de desarrollo, con las especialidades previstas en la presente Ley.

2. Estas asociaciones, en cuya denominación y estatutos se hará referencia a su especialidad subjetiva y de objetivos, tendrán por finalidad la defensa de los intereses profesionales de los trabajadores autónomos y funciones complementarias, pudiendo desarrollar cuantas actividades lícitas vayan encaminadas a tal finalidad. En ningún caso podrán tener ánimo de lucro. Las mismas gozarán de autonomía frente a las Administraciones Públicas, así como frente a cualesquiera otros sujetos públicos o privados.

3. Con independencia de lo previsto en el artículo 10 de la Ley Orgánica 1/2002, de 22 de marzo, reguladora del Derecho de Asociación, las asociaciones profesionales de trabajadores autónomos deberán inscribirse y depositar sus estatutos en el registro especial de la oficina pública establecida al efecto en el Ministerio de Empleo y Seguridad Social, o de la correspondiente Comunidad Autónoma, en el que la asociación desarrolle principalmente su actividad. Tal registro será específico y diferenciado del de cualesquiera otras organizaciones sindicales, empresariales o de otra naturaleza que puedan ser objeto de registro por esa oficina pública.

4. Las asociaciones, confederaciones, uniones y federaciones de trabajadores autónomos de carácter intersectorial que hayan acreditado ser representativas y con mayor implantación, tanto en el ámbito estatal como en el autonómico, en los términos establecidos en el artículo 21 de la presente Ley, serán declaradas de utilidad pública conforme a lo previsto en los artículos 32 a 36 de la Ley Orgánica 1/2002, de 22 de marzo, reguladora del derecho de asociación.

5. Estas asociaciones profesionales sólo podrán ser suspendidas o disueltas mediante resolución firme de la autoridad judicial fundada en incumplimiento grave de las leyes.

Modificado el apdo. 4 por Ley 6/2017, de 24 de octubre, de Reformas Urgentes del Trabajo Autónomo. (BOE de 25-10-2017). Vigente desde 26/10/2017.

Apdo. 4: Ver RD 1740/2003, de 19 de diciembre, sobre procedimientos relativos a asociaciones de utilidad pública; Ver D.A. 6.ª de esta ley.

ART. 21. Determinación de la representatividad de las asociaciones de trabajadores autónomos.

1. Sin perjuicio de la representación que ostentan de sus afiliados y a los efectos de lo previsto en este artículo y el siguiente, tendrán la consideración de asociaciones profesionales representativas de los trabajadores autónomos a nivel estatal, aquéllas que, inscritas en el Registro Estatal de Asociaciones Profesionales de Trabajadores Autónomos, demuestren una suficiente implantación en el ámbito nacional.

2. La suficiente implantación a nivel estatal se reconocerá teniendo en cuenta el número de trabajadores autónomos afiliados, así como la dimensión de su estructura, reflejada en los recursos humanos contratados por la asociación y su implantación en el territorio.

Será necesario acreditar un nivel de afiliación de los cotizantes al Régimen Especial de Seguridad Social de los Trabajadores por Cuenta Propia o Autónomos en los términos que reglamentariamente se determinen, y disponer de sedes y recursos humanos en, al menos, tres comunidades autónomas, todo ello en el año natural anterior al de la solicitud de la acreditación.

La documentación acreditativa del cumplimiento de los requisitos exigidos se deberá presentar en el Registro Estatal de Asociaciones Profesionales de Trabajadores Autónomos en los términos que reglamentariamente se determinen.

3. Las asociaciones representativas de los trabajadores autónomos intersectoriales a nivel estatal y, además, las organizaciones empresariales y sindicales más representativas, gozarán de una posición jurídica singular, que les otorga capacidad jurídica para actuar en representación de los trabajadores autónomos a todos los niveles territoriales con las siguientes funciones:

a) Ostentar representación institucional ante las Administraciones Públicas u otras entidades u organismos de carácter estatal o de comunidad autónoma que la tengan prevista.

b) Ser consultadas cuando las Administraciones Públicas diseñen las políticas públicas que incidan sobre el trabajo autónomo.

c) Colaborar en el diseño de programas públicos dirigidos a los trabajadores autónomos en los términos previstos legalmente.

d) Cualquier otra función que se establezca legal o reglamentariamente.

4. La suficiente implantación a nivel autonómico se reconocerá teniendo en cuenta los mismos criterios que para el reconocimiento de la representatividad a nivel estatal, en los términos establecidos en el apartado 2.

Las Asociaciones profesionales de Trabajadores Autónomos que tengan la consideración de representativas a nivel autonómico gozarán de capacidad para ejercer, en el ámbito específico de la comunidad autónoma, las funciones previstas en el apartado 3.

Modificado por Ley 30/2015, de 9 de septiembre, por la que se regula el Sistema de Formación Profesional para el empleo en el ámbito laboral. (BOE de 10-09-2015).

Ver D.A. 2.ª de la Ley 6/2017, de 24 de octubre, de Reformas Urgentes del Trabajo Autónomo.

Apdo. 1: Ver D.A. 6.ª de esta ley.

ART. 22. Consejo del Trabajo Autónomo.

1. El Consejo del Trabajo Autónomo se constituye, al amparo de lo dispuesto en el artículo 42 de la Ley Orgánica 1/2002, de 22 de marzo, reguladora del Derecho de Asociación, como órgano consultivo del Gobierno en materia socioeconómica y profesional del trabajo autónomo.

2. Son funciones del Consejo:

a) Emitir su parecer con carácter facultativo sobre:

1.º Los anteproyectos de leyes o proyectos de Reales Decretos que incidan sobre el trabajo autónomo. En el supuesto de que se produjeran modificaciones que pudieran afectar al Estatuto de Trabajo Autónomo, el informe tendrá carácter preceptivo.

2.º El diseño de las políticas públicas de carácter estatal en materia de trabajo autónomo.

3.º Cualesquiera otros asuntos que se sometan a consulta del mismo por el Gobierno de la Nación o sus miembros.

b) Elaborar, a solicitud del Gobierno de la Nación o de sus miembros, o por propia iniciativa, estudios o informes relacionados con el ámbito de sus competencias.

c) Elaborar su reglamento de funcionamiento interno.

d) Cualesquiera otras competencias que le sean atribuidas legal o reglamentariamente.

3. El Consejo del Trabajo Autónomo estará compuesto por representantes de las asociaciones profesionales de trabajadores autónomos representativas cuyo ámbito de actuación sea intersectorial y estatal, por las organizaciones sindicales y empresariales más representativas y por representantes de la Administración General del Estado, de las Comunidades Autónomas y de la asociación de Entidades Locales más representativa en el ámbito estatal.

También estarán representados los Consejos del Trabajo Autónomo de ámbito autonómico.

4. La Presidencia del Consejo corresponderá al Ministerio de Empleo y Seguridad Social, en la forma reglamentariamente prevista.

5. Los créditos necesarios para su funcionamiento se consignarán en los presupuestos del Ministerio de Empleo y Seguridad Social.

6. Reglamentariamente se desarrollará la composición y régimen de funcionamiento del Consejo.

7. Las Comunidades Autónomas podrán constituir, en su ámbito territorial, Consejos Consultivos en materia socioeconómica y profesional del trabajo autónomo. Así mismo podrán regular la composición y el funcionamiento de los mismos.

A los efectos de estar representados en el Consejo del Trabajo Autónomo Estatal, cada Consejo del Trabajo Autónomo de ámbito autonómico deberá solicitar su participación en el mismo y designará un representante, que en cualquier caso corresponderá a la asociación de autónomos con mayor representación en ese ámbito.

Modificado por Ley 6/2017, de 24 de octubre, de Reformas Urgentes del Trabajo Autónomo. (BOE de 25-10-2017). Vigente desde 26/10/2017.

Ver D.A. 2.ª de la Ley 6/2017, de 24 de octubre, de Reformas Urgentes del Trabajo Autónomo; Ver RD 1613/2010, de 7 de diciembre, por el que se crea y regula el Consejo de la representatividad de las asociaciones profesionales de trabajadores autónomos en el ámbito estatal y se establece la composición y régimen de funcionamiento y organización del Consejo del Trabajo Autónomo.

En ÁMBITO AUTONÓMICO:

Castilla y León: Ver Decreto 9/2015, de 29 de enero, por el que se crea el Registro de Asociaciones Profesionales de Trabajadores Autónomos de Castilla y León y se regula su funcionamiento.

Comunidad Valenciana: Ver Decreto 159/2020, del Consell, de regulación de la representatividad de las asociaciones profesionales de trabajadores y trabajadoras autónomos y de la organización del Consejo Valenciano del Trabajo Autónomo.

Cataluña: Ver Decreto 18/2010, de 23 de febrero, de aplicación en Cataluña del Estatuto del trabajo autónomo.

Galicia: Ver Decreto 19/2013, de 17 de enero, por el que se crea el Consejo Gallego del Trabajo Autónomo y se regula su composición y funcionamiento y Decreto 147/2011, de 30 de junio, por el que se crea el Consejo Gallego de la Representatividad de las Asociaciones Profesionales de Trabajadores Autónomos de la Comunidad Autónoma de Galicia y se determinan los criterios para acreditar y declarar su representatividad.

La Rioja: Ver Decreto 30/2011, de 15 de abril, por el que se crea y regula el Consejo Riojano del Trabajo Autónomo

Navarra: Ver Decreto Foral 9/2013, de 30 de enero, por el que se crea el Consejo Navarro del Trabajo Autónomo y se regulan su composición, organización y funcionamiento.

Región de Murcia: Ver Decreto 66/2012, de 11 de mayo, que crea el Consejo Asesor Regional del Trabajo Autónomo de la Región de Murcia y regula su funcionamiento.

TÍTULO IV
Protección social del trabajador autónomo

ART. 23. El derecho a la Seguridad Social.

1. De conformidad con el artículo 41 de la Constitución, las personas que ejerzan una actividad profesional o económica por cuenta propia o autónoma tendrán derecho al mantenimiento de un régimen público de Seguridad Social, que les garantice la asistencia y las prestaciones sociales suficientes ante situaciones de necesidad. Las prestaciones complementarias serán libres.

2. La protección de los trabajadores por cuenta propia o autónomos se instrumentará a través de un único régimen, que se denominará Régimen Especial de la Seguridad Social de los Trabajadores por Cuenta Propia o Autónomos, sin perjuicio de que algunos colectivos específicos de trabajadores autónomos, en razón de su pertenencia a un determinado sector económico, estén encuadrados en otros regímenes de la Seguridad Social.

Ver Decreto 2530/1970, de 20 de agosto, por el que se regula el régimen especial de la Seguridad Social de los trabajadores por cuenta propia o autónomos.

Apdo. 2: Ver D.A. 5.ª de esta norma (exclusión de profesionales incorporados a Mutualidades de Previsión Social alternativas)

ART. 24. Afiliación a la Seguridad Social.

La afiliación al sistema de la Seguridad Social es obligatoria para los trabajadores autónomos o por cuenta propia, y única para su vida profesional, sin perjuicio de las altas y bajas en los distintos regímenes que integran el sistema de Seguridad Social, así como de las demás variaciones que puedan producirse con posterioridad a la afiliación.

Apdo. 1 modificado por Real Decreto-ley 13/2022, de 26 de julio, por el que se establece un nuevo sistema de cotización para los trabajadores por cuenta propia o autónomos y se mejora la protección por cese de actividad. (BOE de 27/07/2022).

Ver RD 84/1996, de 26 de enero, por el que se aprueba el Reglamento General sobre inscripción de empresas y afiliación, altas, bajas y variaciones de datos de trabajadores en la Seguridad Social; Ver D.A. 5.ª de esta norma (exclusión de profesionales incorporados a Mutualidades de Previsión Social alternativas).

ART. 25. Cotización a la Seguridad Social.

1. La cotización es obligatoria en el Régimen Especial de Seguridad Social de los Trabajadores por Cuenta Propia o Autónomos en los términos previstos en el artículo 18 del texto refundido de la Ley General de la Seguridad Social, aprobado por el Real Decreto Legislativo 8/2015, de 30 de octubre, y demás disposiciones de desarrollo.

2. La ley podrá establecer beneficios en la cotización para determinados colectivos de trabajadores autónomos en atención a sus características personales o a las características profesionales de la actividad ejercida.

Modificado por Real Decreto-ley 13/2022, de 26 de julio, por el que se establece un nuevo sistema de cotización para los trabajadores por cuenta propia o autónomos y se mejora la protección por cese de actividad. (BOE de 27/07/2022).

Ver D.A. 5.ª de esta norma (exclusión de profesionales incorporados a Mutualidades de Previsión Social alternativas); Ver art. 28 de la Ley 14/2013, de 27 de septiembre, de apoyo a los emprendedores y su internacionalización (Cotización aplicable a los trabajadores incluidos en el Régimen Especial de Trabajadores por cuenta propia o Autónomos en los casos de pluriactividad con jornada laboral a tiempo completo o a tiempo parcial superior al 50 por ciento); Ver D.A. 2.ª (reducciones y bonificaciones en las cotizaciones) y D.A. 7.ª (actualización de cotizaciones) de esta norma; D.A. 5.ª de la Ley 6/2017, de 24 de octubre, de Reformas Urgentes del Trabajo Autónomo.

ART. 26. Acción protectora.

1. La acción protectora del Régimen Especial de Seguridad Social de los Trabajadores por Cuenta Propia o Autónomos, en los términos y conforme a las condiciones legalmente previstas, comprenderá, en todo caso:

a) La asistencia sanitaria en los casos de maternidad, enfermedad común o profesional y accidentes, sean o no de trabajo.

b) Las prestaciones económicas en las situaciones de incapacidad temporal, riesgo durante el embarazo, nacimiento y cuidado de menor, ejercicio corresponsable del cuidado del lactante, riesgo durante la lactancia, cuidado de menores afectados por cáncer u otra enfermedad grave, incapacidad permanente, jubilación, muerte y supervivencia y familiares por hijo o hija a cargo.

c) Cobertura de accidentes de trabajo y enfermedades profesionales.

A los efectos de esta cobertura, se entenderá por accidente de trabajo del trabajador autónomo económicamente dependiente toda lesión corporal que sufra con ocasión o por consecuencia de la actividad profesional, considerándose también accidente de trabajo el que sufra el trabajador al ir o volver del lugar de la prestación de la actividad, o por causa o consecuencia de la misma. Salvo prueba en contrario, se presumirá que el accidente no tiene relación con el trabajo cuando haya ocurrido fuera del desarrollo de la actividad profesional de que se trate.

Para el resto de trabajadores autónomos y a efectos de la misma cobertura, se entenderá por accidente de trabajo del trabajador autónomo el ocurrido como consecuencia directa e inmediata del trabajo que realiza por su propia cuenta y que determina su inclusión en el campo de aplicación de este régimen especial. Se entenderá, a idénticos efectos, por enfermedad profesional la contraída a consecuencia del trabajo ejecutado por cuenta propia, que esté provocada por la acción de los elementos y sustancias y en las actividades que se especifican en la lista de enfermedades profesionales con las relaciones de las principales actividades capaces de producirlas, anexa al Real Decreto 1299/2006, de 10 de noviembre, por el que se aprueba el cuadro de enfermedades profesionales en el sistema de la Seguridad Social y se establecen criterios para su notificación y registro.

También se entenderá como accidente de trabajo el sufrido al ir o al volver del lugar de la prestación de la actividad económica o profesional. A estos efectos se entenderá como lugar de la prestación el establecimiento en donde el trabajador autónomo ejerza habitualmente su actividad siempre que no coincida con su domicilio y se corresponda con el local, nave u oficina declarado como afecto a la actividad económica a efectos fiscales.

2. Las prestaciones de servicios sociales serán las establecidas legalmente y en todo caso comprenderá las prestaciones en materia de reeducación, de rehabilitación de personas con discapacidad, de asistencia a la tercera edad y de recuperación profesional.

3. (Suprimido).

4. Los poderes públicos promoverán políticas que incentiven la continuidad en el ejercicio de la profesión, trabajo o actividad económica de los trabajadores por cuenta propia, una vez cumplida la edad ordinaria de jubilación. No obstante, en atención a la naturaleza tóxica, peligrosa o penosa de la actividad ejercida, y en los términos que reglamentariamente se establezcan, los trabajadores autónomos afectados que reúnan las condiciones establecidas para causar derecho a la pensión de jubilación, con excepción de la relativa a la edad, podrán acceder a la jubilación anticipada, en los mismos supuestos y colectivos para los que esté establecido dicho derecho respecto de los trabajadores por cuenta ajena.

En este sentido, se entenderán comprendidos los trabajadores autónomos con discapacidad en las mismas condiciones que los trabajadores por cuenta ajena.

5. La acción protectora del régimen público de Seguridad Social de los trabajadores autónomos tenderá a converger en aportaciones, derechos y prestaciones con la existente para los trabajadores por cuenta ajena en el Régimen General de la Seguridad Social.

Apdo. 1.b) modificado por Real Decreto-ley 6/2019, de 1 de marzo, de medidas urgentes para garantía de la igualdad de trato y de oportunidades entre mujeres y hombres en el empleo y la ocupación. (BOE de 07/03/2019).

Ver D.A. 5.ª de esta norma (exclusión de profesionales incorporados a Mutualidades de Previsión Social alternativas)

Apdo. 2: Ver D.A. 18.ª de esta norma (personas con discapacidad a efectos de esta ley).

Apdo. 3: Ver D.A. 3.ª de esta norma.

Apdo. 4: Ver RD. 1698/2011, de 18 de noviembre, por el que se regula el régimen jurídico y el procedimiento general para establecer coeficientes reductores y anticipar la edad de jubilación en el sistema de la Seguridad Social.

Apdo. 5: Ver D.F. 2.ª de esta norma.

TÍTULO V
Fomento y promoción del trabajo autónomo

CAPÍTULO I
Disposiciones Generales al fomento y promoción del trabajo autónomo

Añadido por Ley 31/2015, de 9 de septiembre, por la que se modifica y actualiza la normativa en materia de autoempleo y se adoptan medidas de fomento y promoción del trabajo autónomo y de la Economía Social. (BOE de 10-09-2015).

ART. 27. Política de fomento del trabajo autónomo.

1. Los poderes públicos, en el ámbito de sus respectivas competencias, adoptarán políticas de fomento del trabajo autónomo dirigidas al establecimiento y desarrollo de iniciativas económicas y profesionales por cuenta propia.

2. Estas políticas se materializarán, en particular, en medidas dirigidas a:

a) Remover los obstáculos que impidan el inicio y desarrollo de una actividad económica o profesional por cuenta propia.

b) Facilitar y apoyar las diversas iniciativas de trabajo autónomo.

c) Establecer exenciones, reducciones o bonificaciones en las cotizaciones a la Seguridad Social.

d) Promover el espíritu y la cultura emprendedora.

e) Fomentar la formación y readaptación profesionales.

f) Proporcionar la información y asesoramiento técnico necesario.

g) Facilitar el acceso a los procesos de innovación tecnológica y organizativa, de forma que se mejore la productividad del trabajo o servicio realizado.

h) Crear un entorno que fomente el desarrollo de las iniciativas económicas y profesionales en el marco del trabajo autónomo.

i) Apoyar a los emprendedores en el ámbito de actividades innovadoras vinculadas con los nuevos yacimientos de empleo, de nuevas tecnologías o de actividades de interés público, económico o social.

3. La elaboración de esta política de fomento del trabajo autónomo tenderá al logro de la efectividad de la igualdad de oportunidades entre mujeres y hombres y prestará especial atención a los colectivos de personas desfavorecidas o no suficientemente representadas, entre los cuales las personas con discapacidad ocupan un lugar preferente.

Apdo. 2.c): Ver D.A. 5.ª de esta norma (exclusión de profesionales incorporados a Mutualidades de Previsión Social alternativas)

ART. 28. Formación profesional y asesoramiento técnico.

1. El fomento del trabajo autónomo se dirigirá especialmente a integrar dentro del sistema educativo y, en particular, del sistema de formación profesional la promoción del trabajo autónomo, a propiciar la formación y readaptación profesionales de los trabajadores autónomos, facilitando su acceso a los programas de formación profesional, que se orientarán a la mejora de su capacitación profesional y al desarrollo de su capacidad gerencial.

2. El fomento del trabajo autónomo también atenderá las necesidades de información y asesoramiento técnico para su creación, consolidación y renovación, promoviendo, a estos efectos, las fórmulas de comunicación y cooperación entre autónomos.

ART. 29. Apoyo financiero a las iniciativas económicas.

1. Los poderes públicos, en el ámbito de sus respectivas competencias y en el marco de los compromisos asumidos en la Unión Europea, adoptarán programas de ayuda financiera a las iniciativas económicas de las personas emprendedoras.

2. La elaboración de estos programas atenderá a la necesidad de tutela de los colectivos con especiales dificultades de acceso al mercado de trabajo, a la garantía de la viabilidad futura de los proyectos beneficiarios, así como a la exigencia de evaluación de los efectos de las ayudas económicas sobre los objetivos propuestos.

3. Los poderes públicos favorecerán mediante una política fiscal adecuada la promoción del trabajo autónomo.

CAPÍTULO II
Incentivos y medidas de fomento y promoción del Trabajo Autónomo

Añadido por Ley 31/2015, de 9 de septiembre, por la que se modifica y actualiza la normativa en materia de autoempleo y se adoptan medidas de fomento y promoción del trabajo autónomo y de la Economía Social. (BOE de 10-09-2015).

ART. 30. Bonificación a los trabajadores por cuenta propia por conciliación de la vida profesional y familiar vinculada a la contratación.

1. Los trabajadores incluidos en el Régimen Especial de la Seguridad Social de los Trabajadores por Cuenta Propia o Autónomos tendrán derecho, por un plazo de hasta doce meses, a una bonificación del 100 por cien de la cuota por contingencias comunes que resulte de aplicar a la base media que tuviera el trabajador en los doce meses anteriores a la fecha en la que se acoja a esta medida, el tipo de cotización para contingencias comunes vigente en cada momento, excluido el correspondiente a la incapacidad temporal derivada de contingencias comunes, en el citado Régimen Especial, en los siguientes supuestos:

a) Por cuidado de menores de doce años que tengan a su cargo.

b) Por tener a su cargo un familiar, por consanguinidad o afinidad hasta el segundo grado inclusive, en situación de dependencia, debidamente acreditada.

c) Por tener a su cargo un familiar, por consanguinidad o afinidad hasta el segundo grado inclusive, con parálisis cerebral, enfermedad mental o discapacidad intelectual con un grado de discapacidad reconocido igual o superior al 33 por ciento o una discapacidad física o sensorial con un grado de discapacidad reconocido igual o superior al 65 por ciento, cuando dicha discapacidad esté debidamente acreditada, siempre que dicho familiar no desempeñe una actividad retribuida.

En el caso de que el trabajador lleve menos de doce meses de alta continuada en el Régimen Especial de la Seguridad Social de Trabajadores por Cuenta Propia o Autónomos, la base media de cotización se calculará desde la última fecha de alta, siendo el resultado de multiplicar por 30 la cuantía resultante de dividir la suma de las bases de cotización del último periodo de alta continuada entre el número de días de alta correspondientes a dicho periodo.

A efectos del cálculo de esta bonificación, la base media a la que se refiere este apartado se calculara con las bases de cotización, provisionales o definitivas, existentes en el momento de la aplicación inicial de la bonificación, sin que la cuantía de la bonificación sea objeto de modificación como consecuencia de la regularización de las bases de cotización provisionales a la que se refiere el artículo 308.1.c) del texto refundido de la Ley General de la Seguridad Social.

2. La aplicación de la bonificación recogida en el apartado anterior estará condicionada a la permanencia en alta en el Régimen Especial de la Seguridad Social de Trabajadores por Cuenta Propia o Autónomos y a la contratación de un trabajador, a tiempo completo o parcial, que deberá mantenerse durante todo el periodo de su disfrute. En todo caso, la duración del contrato deberá ser, al menos, de 3 meses desde la fecha de inicio del disfrute de la bonificación.

Dicho trabajador contratado será ocupado en la actividad profesional que da lugar al alta en el Sistema de Seguridad Social del trabajador autónomo.

Cuando se extinga la relación laboral, incluso durante el periodo inicial de 3 meses, el trabajador autónomo podrá beneficiarse de la bonificación si contrata a otro trabajador por cuenta ajena en el plazo máximo de 30 días.

El contrato a tiempo parcial no podrá celebrarse por una jornada laboral inferior al 50 por ciento de la jornada de un trabajador a tiempo completo comparable. Si la contratación es a tiempo parcial, la bonificación prevista en el apartado 1 de este artículo será del 50 por ciento.

3. En caso de incumplimiento de lo previsto en el apartado anterior, el trabajador autónomo estará obligado a reintegrar el importe de la bonificación disfrutada.

No procederá el reintegro de la bonificación cuando la extinción esté motivada por causas objetivas o por despido disciplinario cuando una u otro sea declarado o reconocido como procedente, ni en los supuestos de extinción causada por dimisión, muerte, jubilación o incapacidad permanente total, absoluta o gran invalidez del trabajador o por resolución durante el periodo de prueba.

Cuando proceda el reintegro, este quedará limitado exclusivamente a la parte de la bonificación disfrutada que estuviera vinculada al contrato cuya extinción se hubiera producido en supuestos distintos a los previstos en el párrafo anterior.

En caso de no mantenerse en el empleo al trabajador contratado durante, al menos, 3 meses desde la fecha de inicio del disfrute de la bonificación, el trabajador autónomo estará obligado a reintegrar el importe de la bonificación disfrutada, salvo que, conforme a lo dispuesto en el apartado anterior, se proceda a contratar a otra persona en el plazo de 30 días.

En caso de que el menor que dio lugar a la bonificación prevista en este artículo alcanzase la edad de doce años con anterioridad a la finalización del disfrute de la bonificación, esta se podrá mantener hasta alcanzar el periodo máximo de 12 meses previsto, siempre que se cumplan el resto de condiciones.

En todo caso, el trabajador autónomo que se beneficie de la bonificación prevista en este artículo deberá mantenerse en alta en la Seguridad Social durante los seis meses siguientes al vencimiento del plazo de disfrute de la misma. En caso contrario el trabajador autónomo estará obligado a reintegrar el importe de la bonificación disfrutada.

4. Solo tendrán derecho a la bonificación los trabajadores autónomos que carezcan de trabajadores asalariados en la fecha de inicio de la aplicación de la bonificación y durante los doce meses anteriores a la misma. No se tomará en consideración a los efectos anteriores al trabajador contratado mediante contrato de interinidad para la sustitución del trabajador autónomo durante los periodos de descanso por maternidad, paternidad, adopción o acogimiento tanto preadoptivo como permanente o simple, riesgo durante el embarazo o riesgo durante la lactancia natural.

5. Los beneficiarios de la bonificación tendrán derecho a su disfrute una vez por cada uno de los sujetos causantes a su cargo señalados en el apartado 1, siempre que se cumplan el resto de requisitos previstos en el presente artículo.

6. La medida prevista en este artículo será compatible con el resto de incentivos a la contratación por cuenta ajena, conforme a la normativa vigente.

7. En lo no previsto expresamente, las contrataciones realizadas al amparo de lo establecido en este artículo se regirán por lo dispuesto en el artículo 15.1.c) del Estatuto de los Trabajadores y sus normas de desarrollo.

8. Lo dispuesto en los apartados anteriores será también de aplicación, cuando cumplan los requisitos en ellos establecidos, a los trabajadores por cuenta propia que queden incluidos en el grupo primero de cotización del Régimen Especial de la Seguridad Social de los Trabajadores del Mar.

Apdo. 1 modificado por Real Decreto-ley 13/2022, de 26 de julio, por el que se establece un nuevo sistema de cotización para los trabajadores por cuenta propia o autónomos y se mejora la protección por cese de actividad. (BOE de 27/07/2022).

ART. 31. Beneficios en la cotización a la Seguridad Social aplicables a los trabajadores por cuenta propia.

(DEROGADO)

Derogado (con efectos de 01/01/2023) por Real Decreto-ley 13/2022, de 26 de julio, por el que se establece un nuevo sistema de cotización para los trabajadores por cuenta propia o autónomos y se mejora la protección por cese de actividad. (BOE de 27-07-2022).

ART. 31 bis. Beneficios en la cotización a la Seguridad Social aplicables a los trabajadores por cuenta propia agrarios.

(DEROGADO)

Derogado (con efectos de 01/01/2023) por Real Decreto-ley 13/2022, de 26 de julio, por el que se establece un nuevo sistema de cotización para los trabajadores por cuenta propia o autónomos y se mejora la protección por cese de actividad. (BOE de 27-07-2022).

ART. 32. Beneficios en la cotización a la Seguridad Social para las personas con discapacidad, inicial o sobrevenida, víctimas de violencia de género y víctimas del terrorismo que se establezcan como trabajadores por cuenta propia.

(DEROGADO)

Derogado (con efectos de 01/01/2023) por Real Decreto-ley 13/2022, de 26 de julio, por el que se establece un nuevo sistema de cotización para los trabajadores por cuenta propia o autónomos y se mejora la protección por cese de actividad. (BOE de 27-07-2022).

ART. 32 bis. Beneficios en la cotización a la Seguridad Social para las personas con discapacidad, inicial o sobrevenida, víctimas de violencia de género y víctimas del terrorismo que se establezcan como trabajadores por cuenta propia incluidos en el Sistema Especial para Trabajadores por Cuenta Propia Agrarios.

(DEROGADO)

Derogado (con efectos de 01/01/2023) por Real Decreto-ley 13/2022, de 26 de julio, por el que se establece un nuevo sistema de cotización para los trabajadores por cuenta propia o autónomos y se mejora la protección por cese de actividad. (BOE de 27-07-2022).

ART. 33. Compatibilización de la prestación por desempleo con el inicio de una actividad por cuenta propia.

1. En aplicación de lo dispuesto en el apartado 6 del artículo 228 del texto refundido de la Ley General de la Seguridad Social, aprobado por el Real Decreto Legislativo 1/1994, de 20 de junio, y como excepción a lo establecido en el artículo 221 de dicha ley, los titulares del derecho a la prestación por desempleo de nivel contributivo, por haber cesado con carácter total y definitivo su actividad laboral, que causen alta como trabajadores por cuenta propia en alguno de los regímenes de Seguridad Social, podrán compatibilizar la percepción mensual de la prestación que les corresponda con el trabajo autónomo, por un máximo de 270 días o por el tiempo inferior pendiente de percibir, siempre que se solicite a la entidad gestora en el plazo de 15 días a contar desde la fecha de inicio de la actividad por cuenta propia, sin perjuicio de que el derecho a la compatibilidad de la prestación surta efecto desde la fecha de inicio de tal actividad. Transcurrido dicho plazo de 15 días el trabajador no podrá acogerse a esta compatibilidad.

La realización de un trabajo por cuenta ajena a tiempo completo o parcial supondrá el fin de la compatibilización prevista en el presente artículo.

Durante la compatibilización de la prestación por desempleo con la actividad por cuenta propia no se exigirá al beneficiario de la prestación que cumpla con las obligaciones como demandante de empleo y las derivadas del compromiso de actividad previstas en el artículo 231 de la Ley General de la Seguridad Social.

2. Se excluirán de la medida prevista en el presente artículo aquellas personas cuyo último empleo haya sido por cuenta propia, y quienes hayan hecho uso de este derecho u obtenido el pago único de la prestación por desempleo en los 24 meses inmediatamente anteriores.

Tampoco se incluirán quienes se constituyan como trabajadores autónomos y suscriban un contrato para la realización de su actividad profesional con el empleador para el que hubiese prestado sus servicios por cuenta ajena con carácter inmediatamente anterior al inicio de la situación legal de desempleo o una empresa del mismo grupo empresarial de aquella.

3. Para los beneficiarios de la medida prevista en el presente artículo, el periodo de 60 meses de referencia para la suspensión o extinción del derecho a la percepción de la prestación por desempleo previsto en los artículos 212.1.d) y 213.1.d) del texto refundido de la Ley General de la Seguridad Social comenzará a computarse desde la fecha en la que el beneficiario causó alta como trabajador por cuenta propia en el correspondiente régimen especial de la Seguridad Social.

4. Si tras el cese en el trabajo por cuenta propia el trabajador tuviera derecho a la protección por cese de actividad, podrá optar entre percibir esta o reabrir el derecho a la protección por desempleo suspendida. Cuando el trabajador opte por la prestación anterior, las cotizaciones que generaron aquella prestación por la que no hubiera optado no podrán computarse para el reconocimiento de un derecho posterior.

5. Lo dispuesto en los apartados anteriores será también de aplicación a aquellos perceptores de la prestación por desempleo que se incorporen como socios de sociedades laborales de nueva creación o socios trabajadores de cooperativas de trabajo asociado de nueva creación que estén encuadrados en el régimen especial de la Seguridad Social que corresponda por razón de su actividad por cuenta propia, cuando cumplan los requisitos de los apartados anteriores de este artículo.

Añadido por Ley 31/2015, de 9 de septiembre, por la que se modifica y actualiza la normativa en materia de autoempleo y se adoptan medidas de fomento y promoción del trabajo autónomo y de la Economía Social. (BOE de 10-09-2015).

Ver D.A. 9.ª de esta ley.

ART. 34. Capitalización de la prestación por desempleo.

1. En aplicación de lo dispuesto en el apartado 3 del artículo 228 del texto refundido de la Ley General de la Seguridad Social, aprobado por el Real Decreto Legislativo 1/1994, de 20 de junio, se mantendrá lo previsto en el Real Decreto 1044/1985, de 19 de junio, por el que se establece el abono de la prestación por desempleo en su modalidad de pago único, incluidas las modificaciones incorporadas por normas posteriores, en lo que no se oponga a las reglas siguientes:

1.ª La entidad gestora podrá abonar a los beneficiarios de prestaciones por desempleo de nivel contributivo hasta el 100 por cien del valor actual del importe de dicha prestación, en los siguientes supuestos:

a) Cuando pretendan constituirse como trabajadores autónomos. En este supuesto, el abono de la prestación se realizará de una sola vez por el importe que corresponda a la inversión necesaria para el desarrollo de la actividad por cuenta propia, incluido el importe de las cargas tributarias para el inicio de la actividad.

No se incluirán en este supuesto quienes se constituyan como trabajadores autónomos económicamente dependientes suscribiendo un contrato con una empresa con la que hubieran mantenido un vínculo contractual previo inmediatamente anterior a la situación legal de desempleo, o perteneciente al mismo grupo empresarial de aquella.

b) Cuando capitalicen la prestación para destinar hasta el 100 por cien de su importe a realizar una aportación al capital social de una entidad mercantil de nueva constitución o constituida en un plazo máximo de doce meses anteriores a la aportación, siempre que vayan a poseer el control efectivo de la misma, conforme a lo previsto por la disposición adicional vigésima séptima del texto refundido de la Ley General de la Seguridad Social y a ejercer en ella una actividad profesional, encuadrados en el Régimen Especial de la Seguridad Social de los Trabajadores por Cuenta Propia o Autónomos o en el Régimen Especial de la Seguridad Social de los Trabajadores del Mar.

No se incluirán en este supuesto aquellas personas que hayan mantenido un vínculo laboral previo inmediatamente anterior a la situación legal de desempleo con dichas sociedades u otras pertenecientes al mismo grupo empresarial.

En ambos casos, quienes capitalicen la prestación por desempleo, podrán destinar la misma a los gastos de constitución y puesta en funcionamiento de una entidad, así como al pago de las tasas y tributos. Podrán, además, destinar hasta el 15 por ciento de la cuantía de la prestación capitalizada al pago de servicios específicos de asesoramiento, formación e información relacionados con la actividad a emprender.

Se abonará como pago único la cuantía de la prestación, calculada en días completos, de la que deducirá el importe relativo al interés legal del dinero.

No obstante, si no se obtiene la prestación por su importe total, el importe restante se podrá obtener conforme a lo establecido en la regla 2.ª siguiente.

2.ª La entidad gestora podrá abonar mensualmente el importe de la prestación por desempleo de nivel contributivo para subvencionar la cotización del trabajador a la Seguridad Social y en los siguientes términos:

a) La cuantía de la subvención, calculada en días completos de prestación, será fija y corresponderá al importe de la aportación íntegra del trabajador a la Seguridad Social en el momento del inicio de la actividad sin considerar futuras modificaciones, salvo cuando el importe de la subvención quede por debajo de la aportación del trabajador que corresponda a la base mínima de cotización vigente para cada régimen de Seguridad Social; en tal caso, se abonará esta última.

b) El abono se realizará mensualmente por la entidad gestora al trabajador, previa comprobación de que se mantiene en alta en la Seguridad Social en el mes correspondiente.

3.ª La solicitud del abono de la prestación por desempleo de nivel contributivo, según lo establecido en las reglas 1.ª y 2.ª, en todo caso deberá ser de fecha anterior a la de inicio de la actividad como trabajador autónomo o como socio de la entidad mercantil, considerando que tal inicio coincide con la fecha que como tal figura en la solicitud de alta del trabajador en la Seguridad Social.

Si el trabajador, o los representantes legales de los trabajadores en caso de despido colectivo, hubieran impugnado el cese de la relación laboral origen de la prestación por desempleo, la solicitud deberá ser posterior a la resolución del procedimiento correspondiente.

Los efectos económicos del abono del derecho solicitado se producirán a partir del día siguiente al de su reconocimiento, salvo cuando la fecha de inicio de la actividad sea anterior, en cuyo caso, se estará a la fecha de inicio de esa actividad.

4.ª No tendrán derecho a percibir la prestación por desempleo en su modalidad de pago único conforme a las reglas 1.ª y 2.ª quienes en los 24 meses anteriores a su solicitud hayan compatibilizado el trabajo por cuenta propia con la prestación por desempleo de nivel contributivo.

5.ª Si tras el cese involuntario en el trabajo por cuenta propia sin haber extinguido la prestación por desempleo de nivel contributivo, el trabajador tuviera derecho a la protección por cese de actividad, podrá optar entre percibir esta o reabrir el derecho a aquella. La opción por una u otra protección implicará la extinción de la prestación por la que no se opta.

2. El Gobierno podrá modificar, mediante real decreto, lo establecido en el apartado 1 anterior.

Añadido por Ley 31/2015, de 9 de septiembre, por la que se modifica y actualiza la normativa en materia de autoempleo y se adoptan medidas de fomento y promoción del trabajo autónomo y de la Economía Social. (BOE de 10-09-2015).

Ver D.A. 9.ª de esta ley.

ART. 35. Bonificaciones por altas de familiares colaboradores de trabajadores autónomos.

El cónyuge, la pareja de hecho y los familiares de trabajadores autónomos por consanguinidad o afinidad hasta el segundo grado inclusive y, en su caso, por adopción, que se incorporen al Régimen Especial de la Seguridad Social de los Trabajadores por Cuenta Propia o Autónomos o, como trabajadores por cuenta propia, en el Régimen Especial de los Trabajadores del Mar, siempre y cuando no hubieran estado dados de alta en los mismos en los cinco años inmediatamente anteriores y colaboren con aquellos mediante la realización de trabajos en la actividad de que se trate, tendrán derecho a una bonificación, durante los veinticuatro meses siguientes a la fecha de efectos del alta, equivalente al 50 por ciento durante los primeros dieciocho meses y al 25 por ciento durante los seis meses siguientes, de la cuota por contingencias comunes correspondiente a la base mínima de cotización del tramo 1 de la tabla general de bases, conforme a lo previsto en la regla 1.ª del artículo 308.1.a) del texto refundido de la Ley General de la Seguridad Social.

A efectos de lo establecido en el párrafo anterior, se considerará pareja de hecho la constituida, con análoga relación de afectividad a la conyugal, por quienes, no hallándose impedidos para contraer matrimonio, no tengan vínculo matrimonial con otra persona y acrediten, mediante el correspondiente certificado de empadronamiento, una convivencia estable y notoria y con una duración ininterrumpida no inferior a cinco años. La existencia de pareja de hecho se acreditará mediante certificación de la inscripción en alguno de los registros específicos existentes en las comunidades autónomas o ayuntamientos del lugar de residencia o mediante documento público en el que conste la constitución de dicha pareja.

Párrafo primero modificado por Real Decreto-ley 13/2022, de 26 de julio, por el que se establece un nuevo sistema de cotización para los trabajadores por cuenta propia o autónomos y se mejora la protección por cese de actividad. (BOE de 27/07/2022).

ART. 36. Trabajadores autónomos de Ceuta y Melilla.

Los trabajadores incluidos en el Régimen Especial de los Trabajadores por Cuenta Propia o Autónomos dedicados a actividades encuadradas en los sectores de agricultura, pesca y acuicultura; industria, excepto energía y agua; comercio; turismo; hostelería y resto de servicios, excepto el transporte aéreo de ala fija, construcción de edificios; actividades financieras y de seguros, y actividades inmobiliarias, que residan y ejerzan su actividad en las Ciudades de Ceuta y Melilla, tendrán derecho a una bonificación del 50 por ciento de la cuota por contingencias comunes correspondiente a la base de cotización provisional o definitiva que resulte de aplicación de conformidad con lo previsto en el artículo 308.1 del texto refundido de la Ley General de la Seguridad Social.

Modificado por Real Decreto-ley 1/2023, de 10 de enero, de medidas urgentes en materia de incentivos a la contratación laboral y mejora de la protección social de las personas artistas. (BOE de 11/01/2023). Efectos desde el 1 de enero de 2023.

Modificado por Real Decreto-ley 13/2022, de 26 de julio, por el que se establece un nuevo sistema de cotización para los trabajadores por cuenta propia o autónomos y se mejora la protección por cese de actividad. (BOE de 27/07/2022).

Añadido por Ley 31/2015, de 9 de septiembre, por la que se modifica y actualiza la normativa en materia de autoempleo y se adoptan medidas de fomento y promoción del trabajo autónomo y de la Economía Social. (BOE de 10-09-2015).

ART. 37. Bonificación de cuotas en favor de determinados familiares del titular de la explotación agraria.

1. Las personas incorporadas a la actividad agraria que queden incluidas en el Régimen Especial de la Seguridad Social de los Trabajadores por Cuenta Propia o Autónomos a través del Sistema Especial para Trabajadores por Cuenta Propia Agrarios, que tengan cincuenta o menos años de edad en el momento de dicha incorporación y sean cónyuges o descendientes del titular de la explotación agraria, siempre que este se encuentre dado de alta en el citado régimen e incluido en ese sistema especial, tendrán derecho a una bonificación, durante los cinco años siguientes a la fecha del alta, del 40 por ciento de la cuota por contingencias comunes correspondiente a la base mínima de cotización del tramo 1 de la tabla general de bases aplicable en dicho sistema especial, conforme a lo previsto en el artículo 325 del texto refundido de la Ley General de la Seguridad Social.

2. La bonificación regulada en este artículo, siempre que se cumplan las condiciones en él establecidas, será también aplicable al cónyuge del titular de una explotación agraria que se constituya en titular de la misma en régimen de titularidad compartida, salvo que ya viniera disfrutando de la bonificación conforme a lo previsto en el apartado 1, en cuyo caso seguirá percibiendo esta hasta su extinción.

Modificado por Real Decreto-ley 13/2022, de 26 de julio, por el que se establece un nuevo sistema de cotización para los trabajadores por cuenta propia o autónomos y se mejora la protección por cese de actividad. (BOE de 27/07/2022).

ART. 38. Bonificación de cuotas para trabajadores autónomos durante el descanso por nacimiento, adopción, guarda con fines de adopción, acogimiento, riesgo durante el embarazo o riesgo durante la lactancia natural.

Los trabajadores incluidos en el Régimen Especial de la Seguridad Social de los Trabajadores por Cuenta Propia o Autónomos o, como trabajadores por cuenta propia, en el grupo primero de cotización del Régimen Especial de la Seguridad Social de los Trabajadores del Mar, incluidos los socios trabajadores o socios de trabajo de las sociedades cooperativas encuadrados en esos regímenes, tendrán derecho, durante los períodos de descanso por nacimiento, adopción, guarda con fines de adopción, acogimiento, riesgo durante el embarazo o riesgo durante la lactancia natural, a una bonificación del 100 por cien de la cuota por contingencias comunes resultante de aplicar a la base media que tuviera el trabajador en los doce meses anteriores a la fecha en la que inicie esta bonificación, el tipo de cotización para contingencias comunes vigente en cada momento, excluido el correspondiente a la incapacidad temporal derivada de dichas contingencias.

En el caso de que el trabajador lleve menos de 12 meses de alta continuada en el Régimen Especial de la Seguridad Social de Trabajadores por Cuenta Propia o Autónomos, la base media de cotización se calculará desde la última fecha de alta, siendo el resultado de multiplicar por 30 la cuantía resultante de dividir la suma de las bases de cotización entre el número de días de alta del período de alta continuada.

A efectos del cálculo de esta bonificación, la base media a la que se refiere este artículo se calculara con las bases de cotización, provisionales o definitivas, existentes en el momento de la aplicación inicial de la bonificación, sin que la cuantía de la bonificación sea objeto de modificación como consecuencia de la regularización de las bases de cotización provisionales a la que se refiere el artículo 308.1.c) del texto refundido de la Ley General de la Seguridad Social.

Modificado por Real Decreto-ley 1/2023, de 10 de enero, de medidas urgentes en materia de incentivos a la contratación laboral y mejora de la protección social de las personas artistas. (BOE de 11/01/2023). Efectos desde el 1 de septiembre de 2023.

Anteriormente modificado por Real Decreto-ley 13/2022, de 26 de julio, por el que se establece un nuevo sistema de cotización para los trabajadores por cuenta propia o autónomos y se mejora la protección por cese de actividad (BOE de 27/07/2022), en la redacción dada por el Real Decreto-ley 14/2022, de 1 de agosto (BOE de 02/08/2022).

ART. 38 bis. Bonificación a las trabajadoras autónomas que se reincorporen al trabajo en determinados supuestos.

Las trabajadoras incluidas en el Régimen Especial de la Seguridad Social de los Trabajadores por Cuenta Propia o Autónomos o, como trabajadoras por cuenta propia, en el grupo primero de cotización del Régimen Especial de la Seguridad Social de los Trabajadores del Mar, que, habiendo cesado su actividad por nacimiento de hijo o hija, adopción, guarda con fines de adopción, acogimiento y tutela, en los términos legalmente establecidos, vuelvan a realizar una actividad por cuenta propia dentro de los dos años inmediatamente siguientes a la fecha efectiva del cese, tendrán derecho a una bonificación, durante los veinticuatro meses inmediatamente siguientes a la fecha de su reincorporación al trabajo, del 80 por ciento de la cuota por contingencias comunes resultante de aplicar a la base media que tuvieran las trabajadoras en los doce meses anteriores a la fecha en que cesaron en su actividad, el tipo de cotización para contingencias comunes vigente en cada momento, excluido el correspondiente a la incapacidad temporal derivada de dichas contingencias.

En el caso de que la trabajadora lleve menos de 12 meses de alta continuada en el Régimen Especial de la Seguridad Social de Trabajadores por Cuenta Propia o Autónomos antes del cese de la actividad, la base media de cotización se calculará desde la última fecha de alta, siendo el resultado de multiplicar por 30 la cuantía resultante de dividir la suma de las bases de cotización entre el número de días de alta del período de alta continuada.

A efectos del cálculo de esta bonificación, la base media a la que se refiere este artículo se calculará con las bases de cotización, provisionales o definitivas, existentes en el momento de la aplicación inicial de la bonificación, sin que la cuantía de la bonificación sea objeto de modificación como consecuencia de la regularización de las bases de cotización provisionales a la que se refiere el artículo 308.1.c) del texto refundido de la Ley General de la Seguridad Social.

Modificado por Real Decreto-ley 13/2022, de 26 de julio, por el que se establece un nuevo sistema de cotización para los trabajadores por cuenta propia o autónomos y se mejora la protección por cese de actividad (BOE de 27/07/2022), en la redacción dada por el Real Decreto-ley 14/2022, de 1 de agosto (BOE de 02/08/2022). Efectos desde el 1 de enero de 2023.

Añadido por Ley 6/2017, de 24 de octubre, de Reformas Urgentes del Trabajo Autónomo. (BOE de 25-10-2017). Vigente desde 26/10/2017.

ART, 38 ter. Reducciones en la cotización a la Seguridad Social aplicables por inicio de una actividad por cuenta propia.

La cotización a la Seguridad Social de los trabajadores por cuenta propia o autónomos que causen alta inicial o que no hubieran estado en situación de alta en los dos años inmediatamente anteriores, a contar desde la fecha de efectos del alta, en el Régimen Especial de la Seguridad Social de los Trabajadores por Cuenta Propia o Autónomos, se efectuará de la siguiente forma:

1. Con carácter general, se aplicará una cuota reducida por contingencias comunes y profesionales, a contar desde la fecha de efectos del alta y durante los doce meses naturales completos siguientes, quedando los trabajadores excepcionados de cotizar por cese de actividad y por formación profesional.

La cuantía anual de la cuota reducida se establecerá en la respectiva Ley de Presupuestos Generales del Estado y su distribución entre las referidas contingencias se determinará reglamentariamente.

2. Transcurrido el período indicado en el apartado anterior, podrá también aplicarse una cuota reducida durante los siguientes doce meses naturales completos, respecto a aquellos trabajadores por cuenta propia cuyos rendimientos económicos netos anuales, en los términos del artículo 308.1.c) del texto refundido de la Ley General de la Seguridad Social, sean inferiores al salario mínimo interprofesional anual que corresponda a este período.

Cuando este segundo periodo abarque parte de los dos años naturales, el requisito relativo a los rendimientos económicos se deberá cumplir en cada uno de ellos.

3. La aplicación de las reducciones contempladas en este artículo deberá ser solicitada por los trabajadores en el momento de su alta en el Régimen Especial de la Seguridad Social de los Trabajadores por Cuenta Propia o Autónomos y, además, en su caso, antes del inicio del período a que se refiere el apartado 2.

Respecto al período señalado en el apartado 2, la solicitud deberá acompañarse de una declaración relativa a que los rendimientos económicos netos que se prevén obtener serán inferiores al salario mínimo interprofesional vigente durante los años naturales en que se aplique la cuota reducida.

Los trabajadores por cuenta propia que disfruten de las reducciones contempladas en este artículo podrán renunciar expresamente a su aplicación, con efectos a partir del día primero del mes siguiente al de la comunicación de la renuncia correspondiente.

4. El derecho a las reducciones en la cotización a que se refiere este artículo se extinguirá cuando los trabajadores por cuenta propia causen baja en el Régimen Especial de la Seguridad Social de los Trabajadores por Cuenta Propia o Autónomos durante cualquiera de los períodos en que resulten aplicables.

El período de baja en el Régimen Especial de la Seguridad Social de los Trabajadores por Cuenta Propia o Autónomos, exigido en este artículo para tener derecho a las reducciones en la cotización en caso de reemprender una actividad por cuenta propia, será de tres años cuando los trabajadores autónomos hubieran disfrutado de dichas reducciones en su anterior período de alta en el citado régimen especial.

5. Las cuantías de las prestaciones económicas a que puedan causar derecho los trabajadores por cuenta propia durante el período o los períodos en que se beneficien de la cuota reducida regulada en este artículo, se determinarán con arreglo al importe de la base mínima del tramo inferior de la tabla general de bases que resulte aplicable durante los mismos, contemplada en la regla 1.ª del artículo 308.1.a) del texto refundido de la Ley General de la Seguridad Social.

6. La cuota reducida no será objeto de regularización, conforme a lo previsto en el artículo 308.1.c) del texto refundido de la Ley General de la Seguridad Social, durante el período previsto en el apartado 1.

Durante el período previsto en el apartado 2, la regularización no se llevará a efecto si en el año o años que abarque los rendimientos económicos netos de los trabajadores autónomos hubieran sido inferiores al salario mínimo interprofesional anual vigente en cada uno de esos años.

Si en el año o años que abarque el segundo período, los rendimientos económicos superasen el importe del salario mínimo interprofesional vigente en alguno de ellos, la cotización reducida en el año en que concurra esta circunstancia, será objeto de la regularización correspondiente. A tal efecto, de los rendimientos obtenidos durante el año en que se supere dicho importe, para la regularización se tomará en consideración la parte proporcional, de dichos rendimientos, correspondiente a los meses afectados por la reducción.

7. Lo previsto en el presente artículo resultará de aplicación aun cuando los beneficiarios de las reducciones, una vez iniciada su actividad, empleen a trabajadores por cuenta ajena.

8. Finalizado el periodo máximo de disfrute de las reducciones en la cotización contempladas en este artículo, procederá la cotización por todas las contingencias protegidas a partir del día primero del mes siguiente a aquel en que se produzca esa finalización.

9. Lo dispuesto en los apartados anteriores será también de aplicación, cuando cumplan los requisitos en ellos establecidos, a los trabajadores por cuenta propia que queden incluidos en el grupo primero de cotización del Régimen Especial de la Seguridad Social de los Trabajadores del Mar, así como a los socios de sociedades de capital y de sociedades laborales y a los socios trabajadores de cooperativas de trabajo asociado que queden encuadrados en el Régimen Especial de la Seguridad Social de los Trabajadores por Cuenta Propia o Autónomos o en el Régimen Especial de la Seguridad Social de los Trabajadores del Mar, dentro del grupo primero de cotización.

10. Cuando los trabajadores por cuenta propia o autónomos a que se refiere este artículo tengan un grado de discapacidad igual o superior al 33 por ciento, o sean víctimas de violencia de género o víctimas de terrorismo, los periodos de aplicación de la cuota reducida a que se refieren los apartados 1 y 2 serán, respectivamente, de 24 meses naturales completos y de 36 meses naturales completos.

11. Las reducciones en la cotización previstas en este artículo no resultarán aplicables a los familiares de trabajadores autónomos por consanguinidad o afinidad hasta el segundo grado inclusive y, en su caso, por adopción, que se incorporen al Régimen Especial de la Seguridad Social de los Trabajadores por Cuenta Propia o Autónomos o, como trabajadores por cuenta propia, al grupo primero de cotización del Régimen Especial de la Seguridad Social de los Trabajadores del Mar, ni a los miembros de institutos de vida consagrada de la Iglesia Católica incluidos en el primero de dichos regímenes.

12. Las reducciones de cuotas previstas en este artículo se financiarán con cargo a las aportaciones del Estado a los presupuestos de la Seguridad Social destinadas a financiar reducciones en la cotización.

Añadido por Real Decreto-ley 13/2022, de 26 de julio, por el que se establece un nuevo sistema de cotización para los trabajadores por cuenta propia o autónomos y se mejora la protección por cese de actividad (BOE de 27/07/2022), en la redacción dada por el Real Decreto-ley 14/2022, de 1 de agosto (BOE de 02/08/2022). Efectos desde el 1 de enero de 2023.

Ver D.T. 5.ª del Real Decreto-ley 13/2022, de 26 de julio, por el que se establece un nuevo sistema de cotización para los trabajadores por cuenta propia o autónomos y se mejora la protección por cese de actividad, que establece las cuotas reducidas aplicables de 2023 a 2025.

ART. 38 quater. Bonificación en la cotización por cuidado de menor afectado por cáncer u otra enfermedad grave.

Los trabajadores autónomos que sean beneficiarios de la prestación para el cuidado de menores afectados por cáncer u otra enfermedad grave, a la que se refiere el capítulo X del título II del texto refundido de la Ley General de la Seguridad Social, tendrán derecho, durante el período de percepción de dicha prestación, a una bonificación del 75 por ciento de la cuota por contingencias comunes que resulte de aplicar a la base media que tuviera el trabajador en los doce meses anteriores a la fecha en la que inicie esta bonificación, el tipo de cotización para contingencias comunes vigente en cada momento, excluido el correspondiente a la incapacidad temporal derivada de contingencias comunes, en el Régimen Especial de Trabajadores por cuenta propia o autónomos.

En el caso de que el trabajador lleve menos de doce meses de alta continuada en el Régimen Especial de la Seguridad Social de Trabajadores por Cuenta Propia o Autónomos, la base media de cotización se calculará desde la última fecha de alta, siendo el resultado de multiplicar por 30 la cuantía resultante de dividir la suma de las bases de cotización entre el número de días de alta del período de alta continuada.

A efectos del cálculo de esta bonificación, la base media a la que se refiere este apartado se calculara con las bases de cotización, provisionales o definitivas, existentes en el momento de la aplicación inicial de la bonificación, sin que la cuantía de la bonificación sea objeto de modificación como consecuencia de la regularización de las bases de cotización provisionales a la que se refiere el artículo 308.1.c) del texto refundido de la Ley General de la Seguridad Social.

Añadido por Real Decreto-ley 13/2022, de 26 de julio, por el que se establece un nuevo sistema de cotización para los trabajadores por cuenta propia o autónomos y se mejora la protección por cese de actividad. (BOE de 27/07/2022).

ART. 38 quinquies. Bonificación de cuotas en favor de trabajadores autónomos de empresas emergentes en situación de pluriactividad.

1. A los trabajadores incluidos en el Régimen Especial de la Seguridad Social de los Trabajadores por Cuenta Propia o Autónomos por poseer el control efectivo, directo o indirecto, de una empresa emergente regulada en la Ley 28/2022, de 21 de diciembre, de fomento del ecosistema de las empresas emergentes, y que, de forma simultánea, trabajen por cuenta ajena para otro empleador, les resultará de aplicación una bonificación del cien por cien de la cuota correspondiente a la base mínima establecida con carácter general, en cada momento, en el citado régimen especial durante los tres primeros años.

Esta bonificación será incompatible con los beneficios en la cotización previstos en los artículos 31 y 32.

2. Esta bonificación se disfrutará de forma continuada en tanto persista la situación de pluriactividad y, como máximo, durante los tres primeros años, a contar desde la fecha del alta que se produzca como consecuencia del inicio de la actividad autónoma por la dedicación a la empresa emergente.

La bonificación se extinguirá, en todo caso, en el momento en que cese la situación de pluriactividad, no pudiendo reiniciarse posteriormente su aplicación en el supuesto de que se produzca una nueva situación de pluriactividad.

3. La bonificación se aplicará por la Tesorería General de la Seguridad Social conforme a los datos, programas y aplicaciones informáticas disponibles en cada momento para la gestión liquidatoria y recaudatoria de la Seguridad Social, previa presentación de declaración responsable por parte del trabajador autónomo; sin perjuicio de su control y revisión por la Inspección de Trabajo y Seguridad Social, por la Tesorería General de la Seguridad Social y por el Servicio Público de Empleo Estatal, en el ejercicio de sus respectivas competencias.

4. La bonificación prevista en este artículo se financiará con cargo al presupuesto del Servicio Público de Empleo Estatal dentro de su ámbito competencial y conforme a sus disponibilidades presupuestarias.

Añadido por Ley 28/2022, de 21 de diciembre, de fomento del ecosistema de las empresas emergentes. (BOE de 22/12/2022).

ART. 39. Pago único de la prestación por cese de actividad.

1. Quienes sean titulares del derecho a la prestación por cese de actividad, y tengan pendiente de percibir un período de, al menos, seis meses, podrán percibir de una sola vez el valor actual del importe de la prestación, cuando acrediten ante el órgano gestor que van a realizar una actividad profesional como trabajadores autónomos o destinen el 100 por cien de su importe a realizar una aportación al capital social de una entidad mercantil de nueva constitución o constituida en el plazo máximo de 12 meses anteriores a la aportación, siempre que vayan a poseer el control efectivo de la misma, conforme a lo previsto por la disposición adicional vigésima séptima del texto refundido de la Ley General de la Seguridad Social y a ejercer en ella una actividad profesional, encuadrados como trabajadores por cuenta propia en el Régimen Especial de la Seguridad Social correspondiente por razón de su actividad.

2. El beneficiario que desee percibir su prestación de una sola vez podrá solicitarlo al órgano gestor, acompañando a la solicitud memoria explicativa sobre el proyecto de inversión a realizar y actividad a desarrollar, así como cuanta documentación acredite la viabilidad del proyecto.

3. El órgano gestor, teniendo en cuenta la viabilidad del proyecto a realizar, reconocerá el derecho en el plazo de treinta días contados desde la solicitud del pago único. Contra la decisión del órgano gestor se podrá reclamar en los términos del artículo 19 de la Ley 32/2010, de 5 de agosto, por la que se establece un sistema específico de protección por cese de actividad de los trabajadores autónomos.

La solicitud del abono de la prestación por cese de actividad, en todo caso deberá ser de fecha anterior a la fecha de incorporación del beneficiario a la sociedad o a la de inicio de la actividad como trabajador autónomo, considerando que tal inicio coincide con la fecha que como tal figura en la solicitud de alta del trabajador en la Seguridad Social.

4. Una vez percibida la prestación por su valor actual, el beneficiario deberá iniciar, en el plazo máximo de un mes, la actividad para cuya realización se le hubiera concedido y darse de alta como trabajador por cuenta propia en el correspondiente régimen especial de la Seguridad Social, o acreditar, en su caso, que está en fase de iniciación.

5. El abono de la prestación se realizará de una sola vez por el importe que corresponda a las aportaciones al capital social o a la inversión necesaria para desarrollar la actividad como trabajadores autónomos, incluidas las cargas tributarias para el inicio de la actividad.

En ambos casos, quienes perciban el pago único de la prestación por cese de actividad podrán destinar la misma a los gastos de constitución y puesta en funcionamiento de una entidad, así como al pago de las tasas y tributos. Podrán, además, destinar hasta el 15 por ciento de la cuantía de la prestación capitalizada al pago de servicios específicos de asesoramiento, formación e información relacionados con la actividad a emprender.

Se abonará como pago único la cuantía de la prestación, calculada en días completos, de la que se deducirá el importe relativo al interés legal del dinero.

6. El órgano gestor, a solicitud de los beneficiarios de esta medida, podrá destinar todo o parte del pago único de la prestación por cese de actividad a cubrir los costes de cotización a la Seguridad Social. En tal caso, habrá que atenerse a las siguientes reglas:

Primera. Si no se obtiene la prestación por su importe total, el importe restante se podrá obtener conforme a lo establecido en la regla segunda siguiente.

Asimismo, el beneficiario de la prestación podrá optar por obtener toda la prestación pendiente por percibir conforme a lo establecido en la regla segunda siguiente.

Segunda. El órgano gestor podrá abonar mensualmente el importe de la prestación por cese de actividad para compensar la cotización del trabajador a la Seguridad Social, y en este supuesto:

a) La cuantía a abonar, calculada en días completos de prestación, será fija y corresponderá al importe de la aportación íntegra del trabajador a la Seguridad Social en el momento del inicio de la actividad sin considerar futuras modificaciones.

b) El abono se realizará mensualmente por la entidad u organismo gestor al trabajador, previa comprobación de que se mantiene en alta en la Seguridad Social en el mes correspondiente.

7. La percepción de la prestación en un pago único será compatible con otras ayudas que para la promoción del trabajo autónomo pudieran obtenerse, bien con carácter individual o bien a través de la constitución de una sociedad de capital.

8. La no afectación de la cantidad percibida a la realización de la actividad para la que se haya concedido será considerada pago indebido a los efectos previstos en el artículo 31 del Real Decreto 1541/2011, de 31 de octubre, por el que se desarrolla la Ley 32/2010, de 5 de agosto, por la que se establece un sistema específico de protección por cese de actividad de

los trabajadores autónomos. A estos efectos, se entenderá, salvo prueba en contrario, que no ha existido afectación cuando el trabajador, en el plazo de un mes, no haya acreditado los extremos indicados en el apartado 4 de este artículo.

Añadido por Ley 31/2015, de 9 de septiembre, por la que se modifica y actualiza la normativa en materia de autoempleo y se adoptan medidas de fomento y promoción del trabajo autónomo y de la Economía Social. (BOE de 10-09-2015).

Ver D.A. 4.ª de esta ley.

DISPOSICIONES ADICIONALES

D.A. 1.ª Modificación del texto refundido de la Ley de Procedimiento Laboral, aprobado por Real Decreto Legislativo 2/1995, de 7 de abril.

El texto refundido de la Ley de Procedimiento Laboral aprobado por Real Decreto Legislativo 2/1995, de 7 de abril, queda modificado como sigue:

Uno. La letra p) del artículo 2 queda redactada del modo siguiente:

«p) en relación con el régimen profesional, tanto en su vertiente individual como colectiva, de los trabajadores autónomos económicamente dependientes a los que se refiere la Ley del Estatuto del Trabajo Autónomo.»

Dos. Se introduce una nueva letra q) al artículo 2 con el contenido siguiente:

«q) respecto de cualesquiera otras cuestiones que les sean atribuidas por normas con rango de Ley.»

Tres. Se modifica el apartado 2 del artículo 16 que queda redactado de la siguiente manera:

«2. Tendrán capacidad procesal los trabajadores mayores de dieciséis años y menores de dieciocho respecto de los derechos e intereses legítimos derivados de sus contratos de trabajo y de la relación de Seguridad Social cuando legalmente no precisen para la celebración de dichos contratos autorización de sus padres, tutores o de la persona o institución que los tenga a su cargo, o hubieran obtenido autorización para contratar de sus padres, tutores o persona o institución que los tenga a su cargo conforme a la legislación laboral o la legislación civil o mercantil respectivamente. Igualmente tendrán capacidad procesal los trabajadores autónomos económicamente dependientes mayores de dieciséis años.»

Cuatro. Se añade un apartado 3 al artículo 17 que queda redactado de la siguiente manera:

«3. Las organizaciones de trabajadores autónomos tendrán legitimación para la defensa de los acuerdos de interés profesional por ellas firmados.»

Cinco. Se da nueva redacción al artículo 63 que queda redactado de la siguiente manera:

«ART. 63.

Será requisito previo para la tramitación del proceso el intento de conciliación ante el servicio administrativo correspondiente o ante el órgano que asuma estas funciones que podrá constituirse mediante los acuerdos interprofesionales o los convenios colectivos a los que se refiere el artículo 83 del texto refundido de la Ley del Estatuto de los Trabajadores, así como los acuerdos de interés profesional a los que se refiere el artículo 13 de la Ley del Estatuto del Trabajo Autónomo.»

D.A. 2.ª Reducciones y bonificaciones en las cotizaciones.

1. Conforme a los principios de racionalización y seguridad jurídica, todas aquellas medidas de fomento del autoempleo consistentes en reducciones y bonificaciones en la cotización a la Seguridad Social en favor de los trabajadores autónomos se regularán a través de la presente ley.

2. Las Administraciones Públicas competentes podrán suscribir convenios con la Seguridad Social con objeto de propiciar la reducción de las cotizaciones de las personas que, en régimen de autonomía, se dediquen a actividades artesanales o artísticas.

Modificado por Ley 31/2015, de 9 de septiembre, por la que se modifica y actualiza la normativa en materia de autoempleo y se adoptan medidas de fomento y promoción del trabajo autónomo y de la Economía Social. (BOE de 10-09-2015).

Ver D.A. 5.ª de esta norma (exclusión de profesionales incorporados a Mutualidades de Previsión Social alternativas)

D.A. 3.ª Cobertura de la incapacidad temporal y de las contingencias profesionales en el Régimen de la Seguridad Social de los Trabajadores por Cuenta Propia o Autónomo.

(DEROGADA)

Derogada (con efectos de 01/01/2023) por Real Decreto-ley 13/2022, de 26 de julio, por el que se establece un nuevo sistema de cotización para los trabajadores por cuenta propia o autónomos y se mejora la protección por cese de actividad. (BOE de 27-07-2022).

D.A. 4.ª Prestación por cese de actividad.

El Gobierno, siempre que estén garantizados los principios de contributividad, solidaridad y sostenibilidad financiera y ello responda a las necesidades y preferencias de los trabajadores autónomos, propondrá a las Cortes Generales la regulación de un sistema específico de protección por cese de actividad para los mismos, en función de sus características personales o de la naturaleza de la actividad ejercida.

Las Administraciones Públicas podrán, por razones de política económica debidamente justificadas, cofinanciar planes de cese de actividad dirigidos a colectivos o sectores económicos concretos.

Párrafo 2° se suprime por Real Decreto-ley 28/2018, de 28 de diciembre, para la revalorización de las pensiones públicas y otras medidas urgentes en materia social, laboral y de empleo. (BOE de 29-12-2018).

Ver Ley 32/2010, de 5 de agosto, por la que se establece un sistema específico de protección por cese de actividad de los trabajadores autónomos; Ver art. 39 de esta ley

D.A. 5.ª Profesionales incorporados a Mutualidades de Previsión Social alternativas.

Lo dispuesto en el apartado 2 del artículo 23, en los artículos 24 a 26 y en el párrafo c), apartado 2, del artículo 27, así como en las disposiciones adicionales segunda y tercera y en la disposición final segunda de la presente Ley no serán de aplicación a los trabajadores por cuenta propia o autónomos que, en los términos establecidos en la disposición adicional decimoquinta de la Ley 30/1995, de supervisión y ordenación de los seguros privados, hayan optado u opten en el futuro por adscribirse a la Mutualidad de Previsión Social que tenga constituida el Colegio Profesional al que pertenezcan y que actúe como alternativa al Régimen Especial de la Seguridad Social de los Trabajadores por Cuenta Propia o Autónomos.

D.A. 6.ª Comunidades Autónomas.

A los efectos de lo previsto en el artículo 21.5 de esta Ley, las Comunidades Autónomas determinarán la representatividad de las asociaciones de trabajadores autónomos de acuerdo con los criterios a los que se refiere el artículo 21.1 de la misma y crearán, en su ámbito territorial, el registro especial según lo dispuesto en el artículo 20.3 de la presente Ley.

Andalucía: Ver Ley 15/2011, de 23 de diciembre, Andaluza de Promoción del Trabajo Autónomo y Decreto 362/2009, de 27 de octubre, por el que se crea el Registro de Asociaciones Profesionales del Trabajo Autónomo de Andalucía y se aprueba su reglamento de organización y funcionamiento.

Asturias: Ver Resolución de 5 de junio de 2009, de la Consejería de Industria y Empleo, por la que se establece el Registro de Asociaciones Profesionales de Trabajadores Autónomos del Principado de Asturias.

Canarias: Ver Ley 5/2014, de 25 de julio, de Fomento y Consolidación del Emprendimiento, el Trabajo Autónomo y las Pymes en la Comunidad Autónoma de Canarias.

Castilla-La Mancha: Ver Decreto 158/2009, de 20/10/2009, por el que se crea el Registro Especial de Asociaciones de Trabajadoras y Trabajadores Autónomos de Castilla-La Mancha y se regula su funcionamiento.

Castilla y León: Ver Decreto 9/2015, de 29 de enero, por el que se crea el Registro de Asociaciones Profesionales de Trabajadores Autónomos de Castilla y León y se regula su funcionamiento.

Cataluña: Ver Decreto 18/2010, de 23 de febrero, de aplicación en Cataluña del Estatuto del trabajo autónomo.

Comunidad Valenciana: Ver Decreto 53/2011, de 20 de mayo, del Consell, por el que se crea el Registro de Asociaciones Profesionales de Trabajadores Autónomos de la Comunitat Valenciana y se aprueba su reglamento.

Galicia: Ver Decreto 406/2009, de 22 de octubre, por el que se crea el Registro de Asociaciones Profesionales de Trabajadores Autónomos de la Comunidad Autónoma de Galicia.

La Rioja: Ver Decreto 27/2009, de 12 de junio, por el que se crea el Registro de Asociaciones Profesionales de Trabajadores Autónomos de La Rioja y se establece su organización y funcionamiento.

Madrid: Acuerdo de 8 de marzo de 2016, del Consejo de Gobierno, por el que se crea la Mesa del Autónomo y de la Economía Social de la Comunidad de Madrid.

Navarra: Ver Orden Foral 239/2009, de 21 de mayo, del Consejero de Innovación, Empresa y Empleo, por la que se crea el Registro de Asociaciones Profesionales de Trabajadores Autónomos de Navarra. Ver Ley Foral 12/2013, de 12 de marzo, de apoyo a los emprendedores y al trabajo autónomo en Navarra.

País Vasco: Ver Decreto 207/2008, de 9 de diciembre, por el que se crea y regula el Registro Especial de Asociaciones de Trabajo Autónomo de Euskadi.

Región de Murcia: Ver Decreto n.º 158/2009, de 29 de mayo, por el que se crea el Registro de Asociaciones Profesionales de Trabajadores Autónomos de la Comunidad Autónoma de la Región de Murcia y se regula su funcionamiento.

D.A. 7.ª Actualización de cotizaciones.

(DEROGADA)

Derogada (con efectos de 01/01/2023) por Real Decreto-ley 13/2022, de 26 de julio, por el que se establece un nuevo sistema de cotización para los trabajadores por cuenta propia o autónomos y se mejora la protección por cese de actividad. (BOE de 27-07-2022).

D.A. 8.ª Participación de los trabajadores autónomos en el Consejo Económico y Social.

El Gobierno planteará la presencia de los trabajadores autónomos en el Consejo Económico y Social teniendo en cuenta:

1. La evolución del Consejo del Trabajo Autónomo en la representación de los mismos.

2. El informe preceptivo del Consejo Económico y Social sobre la composición del mismo que deberá realizar para ello en el menor plazo de tiempo posible.

Ver D.A. 1.ª de la Ley 6/2017, de 24 de octubre, de Reformas Urgentes del Trabajo Autónomo.

D.A. 9.ª Pago único de la prestación por desempleo.

Con carácter bienal, el Gobierno evaluará el impacto de las medidas previstas en los artículos 33 y 34 de esta ley, con el objeto de analizar su impacto en el autoempleo y su posible actualización.

Modificado por Ley 31/2015, de 9 de septiembre, por la que se modifica y actualiza la normativa en materia de autoempleo y se adoptan medidas de fomento y promoción del trabajo autónomo y de la Economía Social. (BOE de 10-09-2015).

D.A. 10.ª Encuadramiento en la Seguridad Social de los hijos del trabajador autónomo.

Los trabajadores autónomos podrán contratar, como trabajadores por cuenta ajena, a los hijos menores de 30 años, aunque convivan con ellos. En este caso, del ámbito de la acción protectora dispensada a los familiares contratados quedará excluida la cobertura por desempleo.

Se otorgará el mismo tratamiento a los hijos que, aun siendo mayores de 30 años, tengan especiales dificultades para su inserción laboral. A estos efectos, se considerará que existen dichas especiales dificultades cuando el trabajador esté incluido en alguno de los grupos siguientes:

a) Personas con parálisis cerebral, personas con enfermedad mental o personas con discapacidad intelectual, con un grado de discapacidad reconocido igual o superior al 33 por ciento.

b) Personas con discapacidad física o sensorial, con un grado de discapacidad reconocido igual o superior al 33 por ciento e inferior al 65 por ciento, siempre que causen alta por primera vez en el sistema de la Seguridad Social.

c) Personas con discapacidad física o sensorial, con un grado de discapacidad reconocido igual o superior al 65 por ciento.

Modificada por Ley 6/2017, de 24 de octubre, de Reformas Urgentes del Trabajo Autónomo. (BOE de 25-10-2017). Vigente desde 26/10/2017

D.A. 11.ª Trabajadores autónomos del sector del transporte.

De conformidad con lo dispuesto en el artículo 1.3 g) del Texto Refundido del Estatuto de los Trabajadores, aprobado por Real Decreto Legislativo 1/1995, de 24 de marzo, se consideran incluidas en el ámbito regulado por la presente Ley las personas prestadoras del servicio del transporte al amparo de autorizaciones administrativas de las que sean titulares, realizada mediante el correspondiente precio con vehículos comerciales de servicio público cuya propiedad o poder directo de disposición ostenten, aun cuando dichos servicios se realicen de forma continuada para un mismo cargador o comercializador.

En este caso, serán trabajadores autónomos económicamente dependientes a los que se refiere el artículo 1.2 d) de la presente Ley aquellos que cumplan con lo dispuesto en el artículo 11.1 y 11.2 a) de la misma.

D.A. 12.ª Participación de trabajadores autónomos en programas de formación e información de prevención de riesgos laborales.

Con la finalidad de reducir la siniestralidad y evitar la aparición de enfermedades profesionales en los respectivos sectores, las asociaciones representativas de los trabajadores autónomos intersectoriales y las organizaciones sindicales y empresariales más representativas podrán realizar programas permanentes de información y formación correspondientes a dicho colectivo, promovidos por las Administraciones Públicas competentes en materia de prevención de riesgos laborales y de reparación de las consecuencias de los accidentes de trabajo y las enfermedades profesionales.

Respetando los criterios de proporcionalidad y asegurando la presencia de los distintos grupos de representación de la Comisión Nacional de Seguridad y Salud en el Trabajo, las asociaciones intersectoriales de trabajadores autónomos, tanto de nivel estatal como autonómico, podrán participar, con voz y sin voto, en los grupos correspondientes creados en el seno de dicha Comisión cuando se aborden las condiciones de trabajo de los trabajadores autónomos, en los supuestos de planificación, programación, organización y control de la gestión relacionada con la mejora de las condiciones de trabajo y la protección de la seguridad y salud de los trabajadores autónomos.

Modificada por Ley 6/2017, de 24 de octubre, de Reformas Urgentes del Trabajo Autónomo. (BOE de 25-10-2017). Vigente desde 26/10/2017

D.A. 13.ª

(DEROGADA)

Derogada desde el 26/10/2017 por Ley 6/2017, de 24 de octubre, de Reformas Urgentes del Trabajo Autónomo. (BOE de 25-10-2017).

D.A. 14.ª Estudio sectorial del trabajo autónomo.

(DEROGADA)

Derogada por Ley 31/2015, de 9 de septiembre, por la que se modifica y actualiza la normativa en materia de autoempleo y se adoptan medidas de fomento y promoción del trabajo autónomo y de la Economía Social. (BOE de 10-09-2015).

D.A. 15.ª Adaptación del Régimen Especial de los Trabajadores Autónomos.

(DEROGADA)

Derogada por Ley 31/2015, de 9 de septiembre, por la que se modifica y actualiza la normativa en materia de autoempleo y se adoptan medidas de fomento y promoción del trabajo autónomo y de la Economía Social. (BOE de 10-09-2015).

D.A. 16.ª Campaña de difusión del Régimen Especial de los Trabajadores Autónomos.

(DEROGADA)

Derogada por Ley 31/2015, de 9 de septiembre, por la que se modifica y actualiza la normativa en materia de autoempleo y se adoptan medidas de fomento y promoción del trabajo autónomo y de la Economía Social. (BOE de 10-09-2015).

D.A. 17.ª Contratos de trabajadores autónomos económicamente dependientes en el sector de los agentes de seguros.

Los contratos celebrados por los agentes de seguros que cumplan con las condiciones establecidas en el capítulo tercero de la presente Ley y los supuestos en que dichos agentes quedarían sujetos al mismo se determinarán reglamentariamente sin afectar, en ningún caso, su relación mercantil.

D.A. 18.ª Personas con discapacidad.

A los efectos de esta ley, tendrán la consideración de personas con discapacidad las comprendidas en los apartados 1 y 2 del artículo 4 del texto refundido de la Ley General de derechos de las personas con discapacidad y de su inclusión social, aprobado por el Real Decreto Legislativo 1/2013, de 29 de noviembre.

Modificado por Ley 31/2015, de 9 de septiembre, por la que se modifica y actualiza la normativa en materia de autoempleo y se adoptan medidas de fomento y promoción del trabajo autónomo y de la Economía Social. (BOE de 10-09-2015).

D.A. 19.ª Agentes comerciales.

En los supuestos de agentes comerciales que, actuando como intermediarios independientes, se encarguen de manera continuada o estable y a cambio de remuneración, de promover actos u operaciones de comercio por cuenta ajena, o a promoverlos y concluirlos por cuenta y en nombre ajenos, a los efectos de ser considerados trabajadores autónomos económicamente dependientes, no les será de aplicación el requisito de asumir el riesgo y ventura de tales operaciones, contemplado en el artículo 11, apartado 2, letra e).

DISPOSICIONES TRANSITORIAS

D.T. 1.ª Adaptación de estatutos y reconocimiento de la personalidad jurídica de las asociaciones.

(DEROGADA)

Derogada por Ley 31/2015, de 9 de septiembre, por la que se modifica y actualiza la normativa en materia de autoempleo y se adoptan medidas de fomento y promoción del trabajo autónomo y de la Economía Social. (BOE de 10-09-2015).

D.T. 2.ª Adaptación de los contratos vigentes de los trabajadores autónomos económicamente dependientes.

(DEROGADA)

Derogada por Ley 31/2015, de 9 de septiembre, por la que se modifica y actualiza la normativa en materia de autoempleo y se adoptan medidas de fomento y promoción del trabajo autónomo y de la Economía Social. (BOE de 10-09-2015).

D.T. 3.ª Adaptación de los contratos vigentes de los trabajadores autónomos económicamente dependientes en el sector del transporte y el sector de los agentes de seguros.

(DEROGADA)

Derogada por Ley 31/2015, de 9 de septiembre, por la que se modifica y actualiza la normativa en materia de autoempleo y se adoptan medidas de fomento y promoción del trabajo autónomo y de la Economía Social. (BOE de 10-09-2015).

D.T. 4.ª Régimen transitorio del reconocimiento previsto en el artículo 11 bis.

El reconocimiento de la condición de trabajador autónomo económicamente dependiente previsto en el artículo 11 bis de esta Ley, sólo podrá producirse para las relaciones contractuales entre clientes y trabajadores autónomos que se formalicen a partir de la entrada en vigor de la Ley reguladora de la jurisdicción social.

Añadida por Ley 36/2011, de 10 de octubre, reguladora de la jurisdicción social. (BOE de 11-10-2011).

DISPOSICIONES DEROGATORIAS

D.DA. ÚNICA. Derogación normativa.

Quedan derogadas cuantas disposiciones se opongan a la presente Ley.

DISPOSICIONES FINALES

D.F. 1.ª Título competencial.

La presente Ley se dicta al amparo de la competencia que corresponde al Estado conforme al artículo 149.1.5.ª, 6.ª, 7.ª, 8.ª y 17.ª de la Constitución.

D.F. 2.ª Desarrollo de derechos en materia de protección social.

Con carácter progresivo se llevarán a cabo las medidas necesarias para que, de acuerdo con los principios que inspiran esta Ley, se logre la convergencia en aportaciones y derechos de los trabajadores autónomos en relación con los establecidos para los trabajadores por cuenta ajena incluidos en el Régimen General de la Seguridad Social.

Ver D.A. 5.ª de esta norma (exclusión de profesionales incorporados a Mutualidades de Previsión Social alternativas)

D.F. 3.ª Habilitación al Gobierno.

Se faculta al Gobierno para dictar cuantas disposiciones sean necesarias para la aplicación y desarrollo de la presente Ley en el ámbito de sus competencias.

D.F. 4.ª Actualización de cuantías.

(DEROGADA)

Derogada (con efectos de 01/01/2023) por Real Decreto-ley 13/2022, de 26 de julio, por el que se establece un nuevo sistema de cotización para los trabajadores por cuenta propia o autónomos y se mejora la protección por cese de actividad. (BOE de 27-07-2022).

D.F. 5.ª Desarrollo Reglamentario de los Contratos del Trabajador Autónomo económicamente dependiente.

(DEROGADA)

Modificado por Ley 31/2015, de 9 de septiembre, por la que se modifica y actualiza la normativa en materia de autoempleo y se adoptan medidas de fomento y promoción del trabajo autónomo y de la Economía Social. (BOE de 10-09-2015).

D.F. 6.ª Entrada en vigor.

La presente Ley entrará en vigor a los tres meses de su publicación en el «Boletín Oficial del Estado».

Por tanto,
Mando a todos los españoles, particulares y autoridades, que guarden y hagan guardar esta ley.

Madrid, 11 de julio de 2007.

JUAN CARLOS R.

El Presidente del Gobierno,
JOSÉ LUIS RODRÍGUEZ ZAPATERO

LEGISLACIÓN COMPLEMENTARIA

II.
REAL DECRETO LEGISLATIVO 8/2015, DE 30 DE OCTUBRE, POR EL QUE SE APRUEBA EL TEXTO REFUNDIDO DE LA LEY GENERAL DE LA SEGURIDAD SOCIAL

—BOE N.º 261 de 31 de octubre de 2015—

(EXTRACTO: arts. 7 a 16, 18, 19 y 305 a 350)

(...)

TÍTULO I
Normas generales del sistema de la Seguridad Social
(...)

CAPÍTULO II
Campo de aplicación y estructura del sistema de la Seguridad Social

Sección 1.ª Disposiciones generales

ART. 7. Extensión del campo de aplicación.

1. Estarán comprendidos en el sistema de la Seguridad Social, a efectos de las prestaciones contributivas, cualquiera que sea su sexo, estado civil y profesión, los españoles que residan en España y los extranjeros que residan o se encuentren legalmente en España, siempre que, en ambos supuestos, ejerzan su actividad en territorio nacional y estén incluidos en alguno de los apartados siguientes.

a) (...)

b) Trabajadores por cuenta propia o autónomos, sean o no titulares de empresas individuales o familiares, mayores de dieciocho años, que reúnan los requisitos que de modo expreso se determinen en esta ley y en su normativa de desarrollo.

(...)

ART. 8. Prohibición de inclusión múltiple obligatoria.

1. Las personas comprendidas en el campo de aplicación del sistema de la Seguridad Social no podrán estar incluidas por el mismo trabajo, con carácter obligatorio, en otros regímenes de previsión distintos de los que integran dicho sistema.

2. Los sistemas de previsión obligatoria distintos de los regulados en esta ley, que pudieran tener constituidos determinados grupos profesionales, se integrarán en el Régimen General o en los regímenes especiales, según proceda, siempre que resulte obligatoria la inclusión de los grupos mencionados en el campo de aplicación de dichos regímenes.

ART. 9. Estructura del sistema de la Seguridad Social.

1. El sistema de la Seguridad Social viene integrado por los siguientes regímenes:

a) El Régimen General, que se regula en el título II de la presente ley.

b) Los regímenes especiales a que se refiere el artículo siguiente.

2. Los regímenes especiales del sistema de la Seguridad Social se regularán de conformidad con lo previsto en el artículo 10, apartados 3 y 4. Reglamentariamente se establecerán el tiempo, alcance y condiciones para la conservación de los derechos en curso de adquisición de las personas que pasen de unos a otros regímenes, mediante la totalización de los períodos de permanencia en cada uno de dichos regímenes, siempre que no se superpongan. Dichas normas se ajustarán a lo dispuesto en el presente apartado, cualquiera que sea el régimen a que hayan de afectar, y tendrán en cuenta la extensión y contenido alcanzado por la acción protectora de cada uno de ellos.

ART. 10. Regímenes especiales.

1. Se establecerán regímenes especiales en aquellas actividades profesionales en las que, por su naturaleza, sus peculiares condiciones de tiempo y lugar o por la índole de sus procesos productivos, se hiciera preciso tal establecimiento para la adecuada aplicación de los beneficios de la Seguridad Social.

2. Se considerarán regímenes especiales los que encuadren a los grupos siguientes:
a) Trabajadores por cuenta propia o autónomos.
b) Trabajadores del mar.
c) Funcionarios públicos, civiles y militares.
d) Estudiantes.
e) Los demás grupos que determine el Ministerio de Empleo y Seguridad Social, por considerar necesario el establecimiento para ellos de un régimen especial, de acuerdo con lo previsto en el apartado 1.

3. Los regímenes especiales correspondientes a los grupos incluidos en las letras b) y c) del apartado anterior se regirán por las leyes específicas que se dicten al efecto, debiendo tenderse en su regulación a la homogeneidad con el Régimen General, en los términos que se señalan en el apartado siguiente.

4. Sin perjuicio de lo previsto en el título IV, en las normas reglamentarias de los regímenes especiales no comprendidos en el apartado anterior, se determinará para cada uno de ellos su campo de aplicación y se regularán las distintas materias relativas a los mismos, ateniéndose a las disposiciones del presente título y tendiendo a la máxima homogeneidad con el Régimen General que permitan las disponibilidades financieras del sistema y las características de los distintos grupos afectados por dichos regímenes.

5. De conformidad con la tendencia a la unidad que debe presidir la ordenación del sistema de la Seguridad Social, el Gobierno, a propuesta del Ministerio de Empleo y Seguridad Social, podrá disponer la integración en el Régimen General de cualquiera de los regímenes especiales correspondientes a los grupos que se relacionan en el apartado 2, a excepción de los que han de regirse por leyes específicas, siempre que ello sea posible teniendo en cuenta las peculiares características de los grupos afectados y el grado de homogeneidad con el Régimen General alcanzado en la regulación del régimen especial de que se trate.

De igual forma, podrá disponerse que la integración prevista en el párrafo anterior tenga lugar en otro régimen especial cuando así lo aconsejen las características de ambos regímenes y se logre con ello una mayor homogeneidad con el Régimen General.

ART. 11. Sistemas especiales.

Además de los sistemas especiales regulados en esta ley, en aquellos regímenes de la Seguridad Social en que así resulte necesario, podrán establecerse sistemas especiales exclusivamente en alguna o algunas de las siguientes materias: encuadramiento, afiliación, forma de cotización o recaudación. En la regulación de tales sistemas informará el ministerio competente por razón de la actividad o condición de las personas en ellos incluidos.

Sección 2.ª Disposiciones aplicables a determinados colectivos

ART. 12. Familiares.

1. A efectos de lo dispuesto en el artículo 7.1, no tendrán la consideración de trabajadores por cuenta ajena, salvo prueba en contrario: el cónyuge, los descendientes, ascendientes y demás parientes del empresario, por consanguinidad o afinidad hasta el segundo grado inclusive y, en su caso, por adopción, ocupados en su centro o centros de trabajo, cuando convivan en su hogar y estén a su cargo.

2. Sin perjuicio de lo previsto en el apartado anterior, y de conformidad con lo establecido en la disposición adicional décima de la Ley 20/2007, de 11 de julio, del Estatuto del trabajo autónomo, los trabajadores autónomos podrán contratar, como trabajadores por cuenta ajena, a los hijos menores de 30 años, aunque convivan con ellos. En este caso, del ámbito de la acción protectora dispensada a los familiares contratados quedará excluida la cobertura por desempleo.

Se otorgará el mismo tratamiento a los hijos que, aun siendo mayores de 30 años, tengan especiales dificultades para su inserción laboral. A estos efectos, se considerará que existen dichas especiales dificultades cuando el trabajador esté incluido en alguno de los grupos siguientes:

a) Personas con parálisis cerebral, personas con enfermedad mental o personas con discapacidad intelectual, con un grado de discapacidad reconocido igual o superior al 33 por ciento.

b) Personas con discapacidad física o sensorial, con un grado de discapacidad reconocido igual o superior al 33 por ciento e inferior al 65 por ciento, siempre que causen alta por primera vez en el sistema de la Seguridad Social.

c) Personas con discapacidad física o sensorial, con un grado de discapacidad reconocido igual o superior al 65 por ciento.

Modificado por Ley 6/2017, de 24 de octubre, de Reformas Urgentes del Trabajo Autónomo. (BOE de 25-10-2017).

ART. 13. Trabajadores con discapacidad.

1. Los trabajadores con discapacidad empleados en los centros especiales de empleo quedarán incluidos como trabajadores por cuenta ajena en el régimen de la Seguridad Social que corresponda a su actividad.

2. Por el Gobierno se aprobarán normas específicas relativas a sus condiciones de trabajo y de Seguridad Social en atención a las peculiares características de su actividad laboral.

ART. 14. Socios trabajadores y socios de trabajo de cooperativas.

1. Los socios trabajadores de las cooperativas de trabajo asociado disfrutarán de los beneficios de la Seguridad Social, pudiendo optar la cooperativa entre las modalidades siguientes:

a) Como asimilados a trabajadores por cuenta ajena. Dichas cooperativas quedarán integradas en el Régimen General o en alguno de los regímenes especiales de la Seguridad Social, según proceda, de acuerdo con su actividad.

b) Como trabajadores autónomos en el régimen especial correspondiente.

Las cooperativas ejercitarán la opción en sus estatutos, y solo podrán modificarla en los supuestos y condiciones que el Gobierno establezca.

2. Los socios trabajadores de las cooperativas de explotación comunitaria de la tierra y los socios de trabajo a los que se refiere el artículo 13.4 de la Ley 27/1999, de 16 de julio, de Cooperativas, serán asimilados a trabajadores por cuenta ajena a efectos de Seguridad Social.

3. En todo caso, no serán de aplicación a las cooperativas de trabajo asociado, ni a las cooperativas de explotación comunitaria de la tierra ni a los socios trabajadores que las integran, las normas sobre cotización y prestaciones del Fondo de Garantía Salarial.

4. Se autoriza al Gobierno para regular el alcance, términos y condiciones de la opción prevista en este artículo, así como para, en su caso, adaptar las normas de los regímenes de la Seguridad Social a las peculiaridades de la actividad cooperativa.

CAPÍTULO III
Afiliación, cotización y recaudación

Sección 1.ª Afiliación al sistema y altas, bajas y variaciones de datos en los regímenes que lo integran

ART. 15. Obligatoriedad y alcance de la afiliación.

La afiliación a la Seguridad Social es obligatoria para las personas a que se refiere el artículo 7.1 y única para toda su vida y para todo el sistema, sin perjuicio de las altas y bajas en los distintos regímenes que lo integran, así como de las demás variaciones que puedan producirse con posterioridad a la afiliación.

ART. 16. Afiliación, altas, bajas y variaciones de datos.

1. La afiliación podrá practicarse a petición de las personas y entidades obligadas a dicho acto, a instancia de los interesados o de oficio por la Administración de la Seguridad Social.

2. Corresponderá a las personas y entidades que reglamentariamente se determinen, el cumplimiento de las obligaciones de solicitar la afiliación y de dar cuenta a los correspondientes organismos de la Administración de la Seguridad Social de los hechos determinantes de las altas, bajas y variaciones a que se refiere el artículo anterior.

3. Si las personas y entidades a quienes incumban tales obligaciones no las cumplieran, podrán los interesados instar directamente su afiliación, alta, baja o variación de datos, sin perjuicio de que se hagan efectivas las responsabilidades en que aquellas hubieran incurrido, incluido, en su caso, el pago a su cargo de las prestaciones, y de que se impongan las sanciones que resulten procedentes.

4. Tanto la afiliación como los trámites determinados por las altas, bajas y variaciones a que se refiere el artículo anterior podrán ser realizados de oficio por los correspondientes organismos de la Administración de la Seguridad Social cuando, a raíz de los datos de que dispongan, de las actuaciones de la Inspección de Trabajo y Seguridad Social o por cualquier otro procedimiento, se compruebe la inobservancia de dichas obligaciones.

5. Cuando, por cualquiera de los procedimientos a que se refiere el apartado anterior, se constate que la afiliación y las altas, bajas y variaciones de datos no son conformes con lo establecido en las leyes y sus disposiciones complementarias, los organismos correspondientes de la Administración de la Seguridad Social podrán revisar de oficio, en cualquier momento, sus actos dictados en las citadas materias, declarándolos indebidos por nulidad o anulabilidad, según proceda, conforme al procedimiento establecido en la normativa reglamentaria reguladora de las mismas, y dictando los actos administrativos necesarios para su adecuación a las citadas leyes y disposiciones complementarias.

Procederá, asimismo, en cualquier momento, la rectificación de los errores materiales o de hecho y aritméticos producidos en los actos dictados en materia de afiliación, altas, bajas y variaciones de datos.

6. Sin perjuicio de lo previsto en el artículo 42 del texto refundido de la Ley del Estatuto de los Trabajadores, los empresarios que contraten o subcontraten con otros la realización de obras o servicios correspondientes a la propia actividad de aquellos o que se presten de forma continuada en sus centros de trabajo deberán comprobar, con carácter previo al inicio de la prestación de la actividad contratada o subcontratada, la afiliación y alta en la Seguridad Social de cada uno de los trabajadores que estos ocupen en los mismos durante el periodo de ejecución de la contrata o subcontrata.

7. El deber de comprobación establecido en el apartado anterior no será exigible cuando la actividad contratada se refiera exclusivamente a la construcción o reparación que pueda contratar el titular de un hogar respecto de su vivienda, así como cuando el propietario de la obra o industria no contrate su realización por razón de una actividad empresarial.

Modificado por Real Decreto-ley 1/2023, de 10 de enero, de medidas urgentes en materia de incentivos a la contratación laboral y mejora de la protección social de las personas artistas. (BOE de 11-01-2023).

(...)

Sección 2.ª Cotización a la Seguridad Social y por conceptos de recaudación conjunta

ART. 18. Obligatoriedad.

1. La cotización a la Seguridad Social es obligatoria en todos los regímenes del sistema.

La cotización por la contingencia de desempleo así como al Fondo de Garantía Salarial, por formación profesional y por cuantos otros conceptos se recauden conjuntamente con las cuotas de la Seguridad Social será obligatoria en los regímenes y supuestos y con el alcance establecidos en esta ley y en su normativa de desarrollo, así como en otras normas reguladoras de tales conceptos.

2. La obligación de cotizar nacerá desde el momento de iniciación de la actividad correspondiente, determinándose en las normas reguladoras de cada régimen las personas que han de cumplirla.

3. Son responsables del cumplimiento de la obligación de cotizar y del pago de los demás recursos de la Seguridad Social las personas físicas o jurídicas o entidades sin personalidad

a las que las normas reguladoras de cada régimen y recurso impongan directamente la obligación de su ingreso y, además, los que resulten responsables solidarios, subsidiarios o sucesores mortis causa de aquellos, por concurrir hechos, omisiones, negocios o actos jurídicos que determinen esas responsabilidades, en aplicación de cualquier norma con rango de ley que se refiera o no excluya expresamente las obligaciones de Seguridad Social, o de pactos o convenios no contrarios a las leyes. Dicha responsabilidad solidaria, subsidiaria o mortis causa se declarará y exigirá mediante el procedimiento recaudatorio establecido en esta ley y en su normativa de desarrollo.

4. En caso de que la responsabilidad por la obligación de cotizar corresponda al empresario, podrá dirigirse el procedimiento recaudatorio que se establece en esta ley y en su normativa de desarrollo contra quien efectivamente reciba la prestación de servicios de los trabajadores que emplee, aunque formalmente no figure como empresario en los contratos de trabajo, en los registros públicos o en los archivos de las entidades gestoras y servicios comunes.

ART. 19. Bases y tipos de cotización.

1. Las bases y tipos de cotización a la Seguridad Social y por los conceptos que se recauden conjuntamente con las cuotas de la Seguridad Social serán los que establezca cada año la correspondiente Ley de Presupuestos Generales del Estado.

2. Las bases de cotización a la Seguridad Social, en cada uno de sus regímenes, tendrán como tope máximo las cuantías fijadas para cada año por la correspondiente Ley de Presupuestos Generales del Estado y como tope mínimo las cuantías del salario mínimo interprofesional vigente en cada momento, incrementadas en un sexto, salvo disposición expresa en contrario.

3. El tope máximo establecido para las bases de cotización de la Seguridad Social de cada uno de sus regímenes se actualizará anualmente en la Ley de Presupuestos Generales del Estado en un porcentaje igual al que se establezca para la revalorización de las pensiones contributivas de acuerdo con el artículo 58.2.

4. Sin perjuicio de lo indicado en el apartado 1, la cotización correspondiente a las contingencias de accidentes de trabajo y enfermedades profesionales se realizará mediante la aplicación de los tipos de cotización establecidos para cada actividad económica, ocupación o situación en la tarifa de primas establecidas legalmente. Las primas correspondientes tendrán a todos los efectos la condición de cuotas de la Seguridad Social.

La base de cotización para la contingencia de desempleo, en todos los regímenes de la Seguridad Social que tengan cubierta la misma, será la correspondiente a las contingencias de accidentes de trabajo y enfermedades profesionales.

De igual modo, la base de cotización para determinar las aportaciones al Fondo de Garantía Salarial y para formación profesional, en todos los regímenes de la Seguridad Social en los que exista la obligación de efectuarlas, será la correspondiente a las contingencias de accidentes de trabajo y enfermedades profesionales.

Modificado por Real Decreto-ley 2/2023, de 16 de marzo, de medidas urgentes para la ampliación de derechos de los pensionistas, la reducción de la brecha de género y el establecimiento de un nuevo marco de sostenibilidad del sistema público de pensiones. (BOE de 17-03-2023). En vigor desde el 1 de enero de 2024.

(...)

TÍTULO IV
Régimen Especial de la Seguridad Social de los Trabajadores por Cuenta Propia o Autónomos

CAPÍTULO I
Campo de aplicación

ART. 305. Extensión.

1. Estarán obligatoriamente incluidas en el campo de aplicación del Régimen Especial de la Seguridad Social de los Trabajadores por Cuenta Propia o Autónomos las personas físicas mayores de dieciocho años que realicen de forma habitual, personal, directa, por cuenta propia y fuera del ámbito de dirección y organización de otra persona, una actividad económica o profesional a título lucrativo, den o no ocupación a trabajadores por cuenta

ajena, en los términos y condiciones que se determinen en esta ley y en sus normas de aplicación y desarrollo.

2. A los efectos de esta ley se declaran expresamente comprendidos en este régimen especial:

a) Los trabajadores incluidos en el Sistema Especial para Trabajadores por Cuenta Propia Agrarios.

b) Quienes ejerzan las funciones de dirección y gerencia que conlleva el desempeño del cargo de consejero o administrador, o presten otros servicios para una sociedad de capital, a título lucrativo y de forma habitual, personal y directa, siempre que posean el control efectivo, directo o indirecto, de aquella. Se entenderá, en todo caso, que se produce tal circunstancia, cuando las acciones o participaciones del trabajador supongan, al menos, la mitad del capital social.

Se presumirá, salvo prueba en contrario, que el trabajador posee el control efectivo de la sociedad cuando concurra alguna de las siguientes circunstancias:

1.° Que, al menos, la mitad del capital de la sociedad para la que preste sus servicios esté distribuido entre socios con los que conviva y a quienes se encuentre unido por vínculo conyugal o de parentesco por consanguinidad, afinidad o adopción, hasta el segundo grado.

2.° Que su participación en el capital social sea igual o superior a la tercera parte del mismo.

3.° Que su participación en el capital social sea igual o superior a la cuarta parte del mismo, si tiene atribuidas funciones de dirección y gerencia de la sociedad.

En los supuestos en que no concurran las circunstancias anteriores, la Administración podrá demostrar, por cualquier medio de prueba, que el trabajador dispone del control efectivo de la sociedad.

c) Los socios industriales de sociedades regulares colectivas y de sociedades comanditarias a los que se refiere el artículo 1.2.a) de la Ley 20/2007, de 11 de julio, del Estatuto del trabajo autónomo.

d) Los comuneros de las comunidades de bienes y los socios de sociedades civiles irregulares, salvo que su actividad se limite a la mera administración de los bienes puestos en común, a los que se refiere el artículo 1.2.b) de la Ley 20/2007, de 11 de julio.

e) Los socios trabajadores de las sociedades laborales cuando su participación en el capital social junto con la de su cónyuge y parientes por consanguinidad, afinidad o adopción hasta el segundo grado con los que convivan alcance, al menos, el 50 por ciento, salvo que acrediten que el ejercicio del control efectivo de la sociedad requiere el concurso de personas ajenas a las relaciones familiares.

f) Los trabajadores autónomos económicamente dependientes a los que se refiere la Ley 20/2007, de 11 de julio.

g) Quienes ejerzan una actividad por cuenta propia, en las condiciones establecidas en el apartado 1, que requiera la incorporación a un colegio profesional, sin perjuicio de lo previsto en la disposición adicional decimoctava.

h) Los miembros del Cuerpo Único de Notarios.

i) Los miembros del Cuerpo de Registradores de la Propiedad, Mercantiles y de Bienes Muebles, así como los del Cuerpo de Aspirantes.

j) Las personas incluidas en el ámbito de aplicación de la Ley 55/2003, de 16 de diciembre, del Estatuto Marco del personal estatutario de los servicios de salud, que presten servicios, a tiempo completo, en los servicios de salud de las diferentes comunidades autónomas o en los centros dependientes del Instituto Nacional de Gestión Sanitaria, por las actividades complementarias privadas que realicen y que determinen su inclusión en el sistema de la Seguridad Social, sin perjuicio de lo previsto en la disposición adicional decimoctava.

k) El cónyuge y los parientes del trabajador por cuenta propia o autónomo que, conforme a lo señalado en el artículo 12.1 y en el apartado 1 de este artículo, realicen trabajos de forma habitual y no tengan la consideración de trabajadores por cuenta ajena.

l) Los socios trabajadores de las cooperativas de trabajo asociado dedicados a la venta ambulante que perciban ingresos directamente de los compradores.

m) Quienes ejerzan por cuenta propia cualquiera de las actividades artísticas a que se refiere el artículo 249 quater.1.

n) Cualesquiera otras personas que, por razón de su actividad, sean objeto de inclusión mediante norma reglamentaria, conforme a lo dispuesto en el artículo 7.1.b).

Modificado por Real Decreto-ley 1/2023, de 10 de enero, de medidas urgentes en materia de incentivos a la contratación laboral y mejora de la protección social de las personas artistas. (BOE de 11-01-2023).

ART. 306. Exclusiones.

1. Estarán excluidos de este régimen especial los trabajadores por cuenta propia o autónomos a que se refiere el artículo anterior cuando por razón de su actividad marítimo-pesquera deban quedar comprendidos en el Régimen Especial de la Seguridad Social de los Trabajadores del Mar.

2. No estarán comprendidos en el sistema de Seguridad Social los socios, sean o no administradores, de sociedades de capital cuyo objeto social no esté constituido por el ejercicio de actividades empresariales o profesionales, sino por la mera administración del patrimonio de los socios.

CAPÍTULO II
Afiliación, cotización y recaudación

ART. 307. Afiliación, altas, bajas y variaciones de datos.

Las personas trabajadoras autónomas están obligadas a solicitar su afiliación al sistema de la Seguridad Social y a comunicar sus altas, bajas y variaciones de datos en el Régimen Especial de los Trabajadores por Cuenta Propia o Autónomos en los términos, plazos y condiciones establecidos en esta ley y en sus disposiciones de aplicación y desarrollo.

Modificado por Real Decreto-ley 13/2022, de 26 de julio, por el que se establece un nuevo sistema de cotización para los trabajadores por cuenta propia o autónomos y se mejora la protección por cese de actividad. (BOE de 27-07-2022).

ART. 308. Cotización y recaudación.

1. Las personas trabajadoras por cuenta propia o autónomas incluidas en este régimen especial de acuerdo con lo establecido en el artículo 305, cotizarán en función de los rendimientos anuales obtenidos en el ejercicio de sus actividades económicas, empresariales o profesionales, en los términos señalados en los párrafos a), b) y c) de este apartado.

A efectos de determinar la base de cotización en este régimen especial se tendrán en cuenta la totalidad de los rendimientos netos obtenidos por los referidos trabajadores, durante cada año natural, por sus distintas actividades profesionales o económicas, aunque el desempeño de algunas de ellas no determine su inclusión en el sistema de la Seguridad Social y con independencia de que las realicen a título individual o como socios o integrantes de cualquier tipo de entidad, con o sin personalidad jurídica, siempre y cuando no deban figurar por ellas en alta como trabajadores por cuenta ajena o asimilados a estos.

En este sentido, la Ley de Presupuestos Generales del Estado establecerá anualmente una tabla general y una tabla reducida de bases de cotización para este régimen especial. Ambas tablas se dividirán en tramos consecutivos de importes de rendimientos netos mensuales. A cada uno de dichos tramos de rendimientos netos se asignará una base de cotización mínima mensual y una base de cotización máxima mensual.

En el caso de la tabla general de rendimientos, el tramo 1 tendrá como límite inferior de rendimientos el importe de la base mínima de cotización establecida para el Régimen General de la Seguridad Social.

La cotización a que se refiere este apartado se determinará en los términos siguientes:

a) La base de cotización para todas las contingencias y situaciones amparadas por la acción protectora de este régimen especial se determinará durante cada año natural conforme a las siguientes reglas, así como a las demás condiciones que se determinen reglamentariamente:

1.ª Las personas trabajadoras por cuenta propia o autónomas deberán elegir la base de cotización mensual que corresponda en función de su previsión del promedio mensual de sus rendimientos netos anuales dentro de la tabla general de bases fijada en la respectiva Ley de Presupuestos Generales del Estado.

2.ª Cuando prevean que el promedio mensual de sus rendimientos netos anuales pueda quedar por debajo del importe de aquellos que determinen la base mínima del tramo 1 de la tabla general establecida para cada ejercicio en este régimen especial, las personas trabajadoras por cuenta propia o autónomas deberán elegir una base de cotización mensual inferior a aquella, dentro de la tabla reducida de bases que se determinará al efecto, anualmente en la Ley de Presupuestos Generales del Estado.

3.ª Las personas trabajadoras por cuenta propia o autónomas deberán cambiar su base de cotización, en los términos que se determinen reglamentariamente, a fin de ajustar su cotización anual a las previsiones que vayan teniendo de sus rendimientos netos anuales, pudiendo optar a tal efecto por cualquiera de las bases de cotización comprendidas en las tablas a que se refieren las reglas 1.ª y 2.ª, excepto en los supuestos a que se refieren las reglas 4.ª y 5.ª

4.ª Los familiares de las personas trabajadoras por cuenta propia o autónomas incluidas en este régimen especial al amparo de lo establecido en el artículo 305.2.k), así como las personas trabajadoras por cuenta propia o autónomas incluidas en este régimen especial al amparo de lo establecido en las letras b) y e) del artículo 305.2 de esta ley no podrán elegir una base de cotización mensual inferior a aquella que determine la correspondiente Ley de Presupuestos Generales del Estado como base de cotización mínima para contingencias comunes para los trabajadores incluidos en el Régimen General de la Seguridad Social del grupo de cotización 7. A tal efecto, en el procedimiento de regularización a que se refiere el apartado c) del presente artículo, la base de cotización definitiva no podrá ser inferior a dicha base mínima.

Para la aplicación de esta base de cotización mínima bastará con haber figurado noventa días en alta en este régimen especial, en cualquiera de los supuestos contemplados en las referidas letras, durante el período a regularizar al que se refiere la letra c).

5.ª En los supuestos de alta de oficio en este régimen especial, durante el período comprendido entre la fecha del alta y el último día del mes natural inmediatamente anterior a la fecha de efectos del alta, así como durante el período comprendido entre el inicio de la actividad por cuenta propia y el mes en el que se solicite el alta, de formularse esta solicitud a partir del mes siguiente al del inicio de la actividad, la base de cotización mensual aplicable será la base mínima del tramo 1 de la tabla general a que se refiere la regla 1.ª, establecida en cada ejercicio, salvo que, en las altas de oficio efectuadas a propuesta de la Inspección de Trabajo y Seguridad Social, esta hubiese fijado expresamente otra base de cotización mensual superior. En los períodos indicados no resultará de aplicación el procedimiento de regularización a que se refiere el párrafo c) de este apartado 1.

6.ª Las bases de cotización mensuales elegidas dentro de cada año conforme a lo indicado en las reglas 1.ª a 5.ª tendrán carácter provisional, hasta que se proceda a su regularización en los términos del párrafo c).

b) La cotización mensual en este régimen especial se obtendrá mediante la aplicación, a la base de cotización determinada conforme al párrafo a), de los tipos de cotización que la Ley de Presupuestos Generales del Estado establezca cada año para financiar las contingencias comunes y profesionales de la Seguridad Social, la protección por cese de actividad y la formación profesional de las personas trabajadoras por cuenta propia o autónomas incluidas en el mismo.

La falta de ingreso de la cotización dentro de plazo reglamentario determinará su reclamación junto con los recargos e intereses que correspondan, en los términos previstos en los artículos 28 y siguientes de esta ley y en sus disposiciones de aplicación y desarrollo.

c) La regularización de la cotización en este régimen especial, a efectos de determinar las bases de cotización y las cuotas mensuales definitivas del correspondiente año, se efectuará en función de los rendimientos anuales una vez obtenidos y comunicados telemáticamente por la correspondiente Administración tributaria a partir del año siguiente, respecto a cada persona trabajadora por cuenta propia o autónoma, conforme a las siguientes reglas:

1.ª Los importes económicos que determinarán las bases de cotización y las cuotas mensuales definitivas estarán constituidos por los rendimientos computables procedentes de todas las actividades económicas, empresariales o profesionales, ejercidas por la persona trabajadora por cuenta propia o autónoma en cada ejercicio, a título individual o como socio o integrante de cualquier tipo de entidad en los términos establecidos en el presente artículo.

El rendimiento computable de cada una de las actividades ejercidas por la persona trabajadora por cuenta propia o autónoma se calculará de acuerdo con lo previsto en las normas del Impuesto sobre la Renta de las Personas Físicas para el cálculo del rendimiento neto, en los términos previstos en el presente artículo.

Para las actividades económicas que determinen el rendimiento neto por el método de estimación directa, el rendimiento computable será el rendimiento neto, incrementado en el importe de las cuotas de la Seguridad Social y aportaciones a mutualidades alternativas del titular de la actividad.

Para las actividades económicas que determinen el rendimiento neto por el método de estimación objetiva, el rendimiento computable será el rendimiento neto previo minorado en el caso de actividades agrícolas, forestales y ganaderas y el rendimiento neto previo en el resto de supuestos.

Para los rendimientos de actividades económicas imputados al contribuyente por entidades en atribución de rentas, el rendimiento computable imputado a la persona trabajadora por cuenta propia o autónoma será, para el método de estimación directa, el rendimiento neto y, para el método de estimación objetiva, en el caso de actividades agrícolas, forestales y ganaderas, el rendimiento neto minorado, y el rendimiento neto previo en el resto de los supuestos.

En el caso de los trabajadores por cuenta propia o autónomos a los que se refiere el artículo 305.2.b), se computarán en los términos que se determinen reglamentariamente, la totalidad de los rendimientos íntegros, dinerarios o en especie, derivados de la participación en los fondos propios de aquellas entidades en las que reúna, en la fecha de devengo del Impuesto sobre Sociedades, una participación igual o superior al 33 % del capital social o teniendo la condición de administrador, una participación igual o superior al 25%, así como la totalidad de los rendimientos de trabajo derivados de su actividad en dichas entidades.

Del mismo modo se computarán, de manera adicional a los rendimientos que pudieran obtener de su propia actividad económica, los rendimientos íntegros de trabajo o capital mobiliario, dinerarios o en especie, derivados de su condición de socios trabajadores de las cooperativas de trabajo asociado que hayan optado por su inclusión en el Régimen Especial de Trabajadores Autónomos en virtud de lo establecido en el artículo 14.

En el caso de las personas trabajadoras por cuenta propia o autónomas a los que se refiere el artículo 305.2, c), d) y e) se computarán además la totalidad de los rendimientos íntegros de trabajo o capital mobiliario, dinerarios o en especie, derivados de su condición de socios o comuneros en las entidades a las que se refiere dicho artículo.

2.ª A los rendimientos indicados en la regla anterior se les aplicará una deducción por gastos genéricos del 7 por ciento, salvo en el caso de las personas trabajadoras por cuenta propia o autónomas incluidos en este régimen especial al amparo de lo establecido en las letras b) y e) del artículo 305.2 de esta ley, en que la deducción será del 3 por ciento.

Para la aplicación del último porcentaje indicado del 3 por ciento bastará con haber figurado noventa días en alta en este régimen especial, en cualquiera de los supuestos contemplados en las referidas letras, durante el período a regularizar.

3.ª Una vez fijado el importe de los rendimientos, se distribuirá proporcionalmente en el período a regularizar y se determinarán las bases de cotización mensuales definitivas y se procederá a regularizar la cotización provisional mensual efectuada por cada persona trabajadora por cuenta propia o autónoma en el año anterior, en los términos que se establezcan reglamentariamente, siempre y cuando su base de cotización definitiva no esté comprendida entre la base de cotización mínima y la máxima correspondiente al tramo en el que estén comprendidos sus rendimientos.

4.ª Si la cotización provisional efectuada fuese inferior a la cuota correspondiente a la base mínima de cotización del tramo en el que estén comprendidos sus rendimientos, el trabajador por cuenta propia deberá ingresar la diferencia entre ambas cotizaciones hasta el último día del mes siguiente a aquel en que se le notifique el resultado de la regularización, sin aplicación de interés de demora ni recargo alguno de abonarse en ese plazo.

Si la cotización provisional efectuada fuese superior a la cuota correspondiente a la base máxima del tramo en el que estén comprendidos sus rendimientos, la Tesorería General de la Seguridad Social procederá a devolver de oficio la diferencia entre ambas cotizaciones, sin aplicación de interés alguno, antes del 30 de abril del ejercicio siguiente a aquel en que la correspondiente Administración tributaria haya comunicado los rendimientos computables a la Tesorería General de la Seguridad Social.

Sin perjuicio de lo indicado en los párrafos anteriores, determinada la base de cotización definitiva, las deudas generadas por las cuotas no ingresadas en período voluntario calculadas de acuerdo con las bases de cotización provisionales no serán objeto de devolución o modificación alguna. Con independencia de lo anterior, conforme a lo establecido en el primer párrafo si la base de cotización definitiva fuese superior al importe de la base de cotización provisional por la que se generó deuda, la diferencia deberá ser ingresada conforme a lo indicado en dicho primer párrafo.

En ningún caso serán objeto de devolución los recargos e intereses.

5.ª La base de cotización definitiva para aquellas personas trabajadoras por cuenta propia o autónomas que no hubiesen presentado la declaración del Impuesto de la Renta de las Personas Físicas ante la correspondiente Administración tributaria o que, habiéndola presentado, no hayan declarado ingresos a efectos de la determinación de los rendimientos netos cuando resulte de aplicación el régimen de estimación directa, será la base mínima de cotización para contingencias comunes para los trabajadores incluidos en el Régimen General de la Seguridad Social del grupo de cotización 7.

6.ª En caso de que la correspondiente Administración tributaria efectúe modificaciones posteriores en los importes de los rendimientos anuales de la persona trabajadora por cuenta propia o autónoma que se han computado para la regularización, ya sea como consecuencia de actuaciones de oficio o a solicitud del trabajador, este podrá, en su caso, solicitar la devolución de lo ingresado indebidamente.

En el caso de que la modificación posterior de los importes de los rendimientos anuales determine que los mismos sean superiores a los aplicados en la regularización, se pondrá en conocimiento del Organismo Estatal Inspección de Trabajo y Seguridad Social a efecto de que el mismo establezca, en su caso, la correspondiente regularización y determine los importes a ingresar, en los términos establecidos en el marco de la colaboración administrativa regulada en el artículo 141 de la Ley 40/2015, de 1 de octubre, de Régimen Jurídico del Sector Público.

A tal efecto la correspondiente Administración tributaria comunicará dichas modificaciones tanto a la Tesorería General de la Seguridad Social como al Organismo Estatal Inspección de Trabajo y Seguridad Social, a través de medios telemáticos.

En los supuestos de este apartado, no se modificará, en caso alguno, el importe de las prestaciones de Seguridad Social causadas cuya cuantía será, por tanto, definitiva, resultando de aplicación lo establecido en el artículo 309.

2. Sin perjuicio de lo dispuesto en los apartados anteriores de este artículo y de las especialidades reguladas en los artículos siguientes, en materia de cotización, liquidación y recaudación se aplicarán a este régimen especial las normas establecidas en el capítulo III del título I, y en sus disposiciones de aplicación y desarrollo.

Modificado por Real Decreto-ley 13/2022, de 26 de julio, por el que se establece un nuevo sistema de cotización para los trabajadores por cuenta propia o autónomos y se mejora la protección por cese de actividad. (BOE de 27-07-2022).

Apdo. 1.c): Ver D.A. 1.ª del Real Decreto-ley 13/2022, de 26 de julio, respecto a las bases de cotización a partir del ejercicio 2023.

ART. 309. Cotización en los supuestos de reconocimiento de una prestación económica de la Seguridad Social con anterioridad a la regularización anual.

1. Quedarán excluidas de la regularización prevista en la letra c) del artículo 308.1. las cotizaciones correspondientes a los meses cuyas bases de cotización hubiesen sido tenidas en cuenta para el cálculo de la base reguladora de cualquier prestación económica del sistema de la Seguridad Social reconocida con anterioridad a la fecha en que se hubiese realizado dicha regularización.

Igualmente, quedarán excluidas de la regularización las bases de cotización posteriores a las referidas en el párrafo anterior hasta el mes en que se produzca el hecho causante.

En consecuencia, las bases de cotización a las que se ha hecho referencia en los párrafos anteriores adquirirán carácter definitivo respecto de esos meses, sin que proceda la revisión del importe de las prestaciones causadas.

Del mismo modo, durante los períodos en que las personas trabajadoras por cuenta propia o autónomas perciban prestaciones por incapacidad temporal, riesgo durante el embarazo, riesgo durante la lactancia natural, nacimiento y cuidado de menor y ejercicio corresponsable del cuidado del lactante, así como por cese de actividad o para la sostenibilidad de la actividad de las personas trabajadoras por cuenta propia o autónomas en su modalidad cíclica o sectorial, en aquellos supuestos en los que deban permanecer en alta en este régimen especial, la base de cotización mensual aplicada adquirirá carácter definitivo y, en consecuencia, no será objeto de la regularización prevista en la letra c) del artículo 308.1.

2. En la situación de incapacidad temporal con derecho a prestación económica, transcurridos sesenta días en dicha situación desde la baja médica, corresponderá hacer efec-

tivo el pago de las cuotas, por todas las contingencias, a la mutua colaboradora con la Seguridad Social o, en su caso, al Servicio Público de Empleo Estatal.

Modificado por Real Decreto-ley 13/2022, de 26 de julio, por el que se establece un nuevo sistema de cotización para los trabajadores por cuenta propia o autónomos y se mejora la protección por cese de actividad. (BOE de 27-07-2022).

ART. 310. Cotización en supuestos de compatibilidad de jubilación y trabajo por cuenta propia.

1. Durante la realización de un trabajo por cuenta propia compatible con la pensión de jubilación, en los términos establecidos en el artículo 214, las personas trabajadoras por cuenta propia o autónomas cotizarán a este régimen especial únicamente por incapacidad temporal y por contingencias profesionales, conforme a lo previsto en este capítulo, si bien quedarán sujetos a una cotización especial de solidaridad del 9 por ciento sobre su base de cotización por contingencias comunes, no computable a efectos de prestaciones.

2. También estarán sujetos a una cotización de solidaridad del 9 por ciento sobre la base mínima de cotización del tramo 1 de la tabla general a la que se refiere la regla 1.ª del artículo 308.1 los pensionistas de jubilación que compatibilicen la pensión con una actividad económica o profesional por cuenta propia estando incluidos en una mutualidad alternativa al citado régimen especial al amparo de lo establecido en la disposición adicional decimoctava, la cual no será computable a efectos de prestaciones.

La cuota correspondiente se deducirá mensualmente del importe de la pensión.

Modificado por Real Decreto-ley 13/2022, de 26 de julio, por el que se establece un nuevo sistema de cotización para los trabajadores por cuenta propia o autónomos y se mejora la protección por cese de actividad. (BOE de 27-07-2022).

ART. 310 bis. Cotización de los perceptores de pensión de jubilación cuando realicen actividades artísticas.

Durante la realización de un trabajo por cuenta propia compatible con la pensión de jubilación, en los términos establecidos en el artículo 249 quater, las personas estarán obligadas a solicitar el alta y cotizar en este régimen especial únicamente por contingencias profesionales y quedarán sujetas a una cotización especial de solidaridad del 9 por ciento sobre su base de cotización por contingencias comunes, no computable a efectos de prestaciones.

Modificado por Real Decreto-ley 1/2023, de 10 de enero, de medidas urgentes en materia de incentivos a la contratación laboral y mejora de la protección social de las personas artistas. (BOE de 11-01-2023).

ART. 311. Cotización al régimen especial a partir de la edad de jubilación.

Los trabajadores incluidos en este régimen especial quedarán exentos de cotizar a la Seguridad Social, salvo, por incapacidad temporal y por contingencias profesionales, una vez hayan alcanzado la edad de acceso a la pensión de jubilación que en cada caso resulte de aplicación según lo establecido en el artículo 205.1.a).

Modificado por Ley 21/2021, de 28 de diciembre, de garantía del poder adquisitivo de las pensiones y de otras medidas de refuerzo de la sostenibilidad financiera y social del sistema público de pensiones. (BOE de 29-12-2021).

ART. 312. Base mínima de cotización para determinados trabajadores autónomos.

(DEROGADO)

Derogado por Real Decreto-ley 13/2022, de 26 de julio, por el que se establece un nuevo sistema de cotización para los trabajadores por cuenta propia o autónomos y se mejora la protección por cese de actividad. (BOE de 27-07-2022).

ART. 313. Cotización en supuestos de pluriactividad.

Las personas trabajadoras por cuenta propia o autónomas que, en razón de un trabajo por cuenta ajena desarrollado simultáneamente, coticen en régimen de pluriactividad, teniendo en cuenta tanto las cotizaciones efectuadas en este régimen especial como las aportaciones empresariales y las correspondientes al trabajador en el régimen de Seguridad Social que corresponda por su actividad por cuenta ajena, tendrán derecho al reintegro del 50 por ciento del exceso en que sus cotizaciones por contingencias comunes superen la cuantía que se establezca a tal efecto por la Ley de Presupuestos Generales del Estado para cada ejercicio, con el tope del 50 por ciento de las cuotas ingresadas en este régimen especial en razón de su cotización por las contingencias comunes.

En tales supuestos, la Tesorería General de la Seguridad Social procederá a abonar el reintegro que en cada caso corresponda en un plazo máximo de cuatro meses desde la regularización prevista en el artículo 308.1.c) salvo cuando concurran especialidades en la cotización que impidan efectuarlo en ese plazo o resulte necesaria la aportación de datos por parte del interesado, en cuyo caso el reintegro se realizará con posterioridad al mismo.

Modificado por Real Decreto-ley 13/2022, de 26 de julio, por el que se establece un nuevo sistema de cotización para los trabajadores por cuenta propia o autónomos y se mejora la protección por cese de actividad. (BOE de 27-07-2022).

ART. 313 bis. Cotización de los artistas con bajos ingresos integrados en el Régimen Especial de la Seguridad Social de los Trabajadores por Cuenta Propia o Autónomos.

1. La base de cotización por contingencias comunes de los artistas de bajos ingresos integrados en el Régimen Especial de la Seguridad Social de los Trabajadores por Cuenta Propia o Autónomos se determinará por la Ley de Presupuestos Generales del Estado.

A estos efectos, se considerarán como artistas autónomos de bajos ingresos aquellos cuyos rendimientos netos durante cada ejercicio determinados conforme a lo establecido en el artículo 308.1.c), sean iguales o inferiores a los establecidos en la disposición adicional primera del Real Decreto-ley 5/2022, de 22 de marzo, por el que se adapta el régimen de la relación laboral de carácter especial de las personas dedicadas a las actividades artísticas, así como a las actividades técnicas y auxiliares necesarias para su desarrollo, y se mejoran las condiciones laborales del sector.

La base de cotización establecida conforme a los párrafos anteriores resultará de aplicación, en los términos establecidos en el artículo 308.1.a), una vez solicitada expresamente por el trabajador autónomo, a través de los procedimientos automatizados que establezca específicamente la Tesorería General de la Seguridad Social. Dicha base de cotización se aplicará con los mismos efectos temporales a los establecidos con carácter general para los cambios de base de cotización del Régimen Especial de Trabajadores por Cuenta Propia o Autónomos en función de la fecha de solicitud de dicha base de cotización, salvo que esta solicitud se haya realizado junto con la solicitud de alta, en cuyo caso se aplicará desde la fecha de efectos de esta.

2. Cuando en el procedimiento de regularización de cuotas previsto en el artículo 308.1.c) se compruebe que el promedio de los rendimientos netos mensuales efectivamente obtenidos es igual o inferior al promedio mensual de los rendimientos a que se refiere el párrafo segundo del apartado 1, no se procederá a la citada regularización de cuotas, salvo que el Organismo Estatal Inspección de Trabajo y Seguridad Social verifique la falta de condición de artista del trabajador autónomo en el periodo anual de que se trate, en cuyo caso se procederá a la regularización de cuotas hasta la base mínima de cotización del tramo 1 de la tabla reducida de bases de cotización establecida para este régimen especial. A tal efecto, la Tesorería General de la Seguridad Social suministrará la información oportuna al citado Organismo Estatal.

Cuando en el citado procedimiento de regularización de cuotas se compruebe que el promedio de los rendimientos netos mensuales efectivamente obtenidos es superior al promedio mensual de los rendimientos a que se refiere el párrafo segundo del apartado 1, se procederá a dicha regularización de cuotas conforme a lo establecido en el artículo 308.1.c).

3. El plazo reglamentario de ingreso de las cuotas será el establecido con carácter general, salvo que el interesado solicite expresamente, a través de los procedimientos automatizados que establezca la Tesorería General de la Seguridad Social, que el plazo de ingreso de las cuotas sea trimestral, de forma que las cuotas correspondientes a los meses de enero, febrero y marzo se ingresen en el mes de abril; las cuotas correspondientes a los meses de abril, mayo y junio, se ingresen en el mes de julio; las cuotas correspondientes a los meses de julio, agosto y septiembre, se ingresen en el mes de octubre; y las cuotas correspondientes a los meses de octubre, noviembre y diciembre, se ingresen en el mes de enero del año siguiente.

Las solicitudes presentadas en cada trimestre natural surtirán efectos a partir del primer mes del trimestre natural posterior.

Modificado por Real Decreto-ley 1/2023, de 10 de enero, de medidas urgentes en materia de incentivos a la contratación laboral y mejora de la protección social de las personas artistas. (BOE de 11-01-2023).

CAPÍTULO III
Acción protectora

Sección 1.ª Contingencias protegibles

ART. 314. Alcance de la acción protectora.

La acción protectora de este régimen especial será la establecida en el artículo 42, con excepción de la protección por desempleo y las prestaciones no contributivas.

Las prestaciones y beneficios se reconocerán en los términos y condiciones que se determinan en el presente título y en sus disposiciones de aplicación y desarrollo.

En todo caso, para el reconocimiento y abono de las prestaciones, los trabajadores incluidos en este régimen especial han de cumplir el requisito de estar al corriente en el pago de las cotizaciones previsto en el artículo 47.

ART. 315. Cobertura de la incapacidad temporal.

La cobertura de la contingencia por incapacidad temporal en este régimen especial tendrá carácter obligatorio, salvo que se tenga cubierta dicha contingencia en razón de la actividad realizada en otro régimen de la Seguridad Social. En este supuesto, podrá acogerse voluntariamente a la cobertura de dicha contingencia, así como, en su caso, renunciar a ella en los términos establecidos reglamentariamente.

Lo previsto en el párrafo anterior se entiende sin perjuicio de las excepciones establecidas en la disposición adicional vigésima octava respecto a los socios de cooperativas que dispongan de un sistema intercooperativo de prestaciones sociales, complementario al sistema público, y a los miembros de institutos de vida consagrada de la Iglesia Católica.

Modificado por Real Decreto-ley 13/2022, de 26 de julio, por el que se establece un nuevo sistema de cotización para los trabajadores por cuenta propia o autónomos y se mejora la protección por cese de actividad. (BOE de 27-07-2022).

ART. 316. Cobertura de las contingencias profesionales.

1. La cobertura de las contingencias profesionales será obligatoria y se llevará a cabo con la misma entidad, gestora o colaboradora, con la que se haya formalizado la cobertura de la incapacidad temporal y determinará la obligación de efectuar las correspondientes cotizaciones, en los términos previstos en el artículo 308.

Por las contingencias indicadas, se reconocerán las prestaciones que, por las mismas, se conceden a los trabajadores incluidos en el Régimen General de la Seguridad Social, en las condiciones que reglamentariamente se establezcan.

2. Se entenderá como accidente de trabajo del trabajador autónomo el ocurrido como consecuencia directa e inmediata del trabajo que realiza por su propia cuenta y que determina su inclusión en el campo de aplicación de este régimen especial. Se entenderá, a idénticos efectos, por enfermedad profesional la contraída a consecuencia del trabajo ejecutado por cuenta propia, que esté provocada por la acción de los elementos y sustancias y en las actividades que se especifican en la lista de enfermedades profesionales con las relaciones de las principales actividades capaces de producirlas, anexa al Real Decreto 1299/2006, de 10 de noviembre, por el que se aprueba el cuadro de enfermedades profesionales en el sistema de la Seguridad Social y se establecen criterios para su notificación y registro.

También se entenderá como accidente de trabajo el sufrido al ir o al volver del lugar de la prestación de la actividad económica o profesional. A estos efectos se entenderá como lugar de la prestación el establecimiento en donde el trabajador autónomo ejerza habitualmente su actividad siempre que no coincida con su domicilio y se corresponda con el local, nave u oficina declarado como afecto a la actividad económica a efectos fiscales.

3. Lo previsto en este artículo se entiende sin perjuicio de lo establecido en el artículo 317, respecto de las personas trabajadoras por cuenta propia o autónomas económicamente dependientes, en el artículo 326 respecto de los trabajadores del sistema especial para trabajadores por cuenta propia agrarios, en la disposición adicional vigésima octava, respecto de los socios de cooperativas que dispongan de un sistema intercooperativo de prestaciones sociales, complementario al sistema público, y de los miembros de institutos de vida consagrada de la Iglesia Católica.

Modificado por Real Decreto-ley 13/2022, de 26 de julio, por el que se establece un nuevo sistema de cotización para los trabajadores por cuenta propia o autónomos y se mejora la protección por cese de actividad. (BOE de 27-07-2022).

ART. 317. Acción protectora de los trabajadores autónomos económicamente dependientes.

Los trabajadores autónomos económicamente dependientes tienen incluida obligatoriamente, dentro del ámbito de la acción protectora de la Seguridad Social, la cobertura de la incapacidad temporal y de los accidentes de trabajo y enfermedades profesionales.

A los efectos de esta cobertura, se entenderá por accidente de trabajo toda lesión corporal del trabajador autónomo económicamente dependiente que sufra con ocasión o por consecuencia de la actividad profesional, considerándose también accidente de trabajo el que sufra el trabajador al ir o volver del lugar de la prestación de la actividad, o por causa o consecuencia de la misma. Salvo prueba en contrario, se presumirá que el accidente no tiene relación con el trabajo cuando haya ocurrido fuera del desarrollo de la actividad profesional de que se trate.

Modificado por Real Decreto-ley 28/2018, de 28 de diciembre, para la revalorización de las pensiones públicas y otras medidas urgentes en materia social, laboral y de empleo. (BOE de 29-12-2018).

Sección 2.ª Disposiciones en materia de prestaciones

ART. 318. Normas aplicables.

Será de aplicación a este régimen especial:

a) En materia de protección por nacimiento y cuidado de menor, lo dispuesto en el capítulo VI del título II, excepto el artículo 179.1 y 2.

La prestación económica por nacimiento y cuidado de menor consistirá en un subsidio equivalente al 100 por ciento de una base reguladora cuya cuantía diaria será el resultado de dividir la suma de las bases de cotización acreditadas a este régimen especial durante los seis meses inmediatamente anteriores al mes previo al del hecho causante entre ciento ochenta.

De no haber permanecido en alta en el régimen especial durante la totalidad del referido período de seis meses, la base reguladora será el resultado de dividir las bases de cotización al régimen especial acreditadas en los seis meses inmediatamente anteriores al mes previo al del hecho causante entre los días en que el trabajador haya estado en alta en dicho régimen dentro de ese período.

Los períodos durante los que el trabajador por cuenta propia tendrá derecho a percibir el subsidio por nacimiento y cuidado de menor serán coincidentes, en lo relativo tanto a su duración como a su distribución, con los períodos de descanso laboral establecidos para los trabajadores por cuenta ajena. Los trabajadores de este régimen especial podrán igualmente percibir el subsidio por nacimiento y cuidado de menor en régimen de jornada parcial, en los términos y condiciones que se establezcan reglamentariamente.

b) En materia de corresponsabilidad en el cuidado del lactante, riesgo durante el embarazo, riesgo durante la lactancia natural y cuidado de menores afectados por cáncer u otra enfermedad grave, lo dispuesto, respectivamente, en los capítulos VII, VIII, IX y X del título II, en los términos y condiciones que se establezcan reglamentariamente.

c) En materia de incapacidad permanente, lo dispuesto en los artículos 194, apartados 2 y 3; 195 excepto el apartado 2; 197, apartados 1, 2 y 3; y 200.

Asimismo, será de aplicación lo previsto en el último párrafo del apartado 2 y el apartado 4 del artículo 196. A efectos de determinar el importe mínimo de la pensión y del cálculo del complemento a que se refieren, respectivamente, dichos apartados se tomará en consideración como base mínima de cotización la vigente en cada momento en el Régimen General, cualquiera que sea el régimen con arreglo a cuyas normas se reconozcan las pensiones de incapacidad permanente total y de gran incapacidad.

d) En materia de jubilación, lo dispuesto en los artículos 205; 206 y 206 bis; 208; 209, excepto la letra b) del apartado 1; 210; 213, 214, 249 quater y la disposición transitoria trigésima cuarta.

Lo dispuesto en el artículo 215 será de aplicación en los términos y condiciones que se establezcan reglamentariamente.

e) En materia de muerte y supervivencia, lo dispuesto en los artículos 219, 220, 221, 222, 223, 224, 225; 226, apartados 4 y 5; 227, apartado 1, párrafo segundo; 229; 231; 232; 233; y 234.

f) Las normas sobre protección a la familia contenidas en el capítulo XV del título II.

g) Lo dispuesto en el artículo 163.

Se sustituyen las referencias a la «gran invalidez» por «gran incapacidad» según lo establecido en la .D.A. Única de la Ley 2/2025, de 29 de abril, por la que se modifican el texto refundido de la Ley del Estatuto de los Trabajadores, aprobado por el Real Decreto Legislativo 2/2015, de 23 de octubre, en materia de extinción del contrato de trabajo por incapacidad permanente de las personas trabajadoras, y el texto refundido de la Ley General de la Seguridad Social, aprobado por el Real Decreto Legislativo 8/2015, de 30 de octubre, en materia de incapacidad permanente (30-04-2025).

Modificado anteriormente por Real Decreto-ley 1/2023, de 10 de enero, de medidas urgentes en materia de incentivos a la contratación laboral y mejora de la protección social de las personas artistas. (BOE de 11-01-2023).

ART. 319. Efectos de las cuotas anteriores al alta.

1. Cuando, reuniéndose los requisitos para estar incluidos en este régimen especial, no se hubiera solicitado la preceptiva alta en los términos reglamentariamente previstos, las cotizaciones exigibles correspondientes a períodos anteriores a la formalización del alta producirán efectos respecto a las prestaciones, una vez hayan sido ingresadas con los recargos que legalmente procedan.

2. Sin perjuicio de las sanciones administrativas que procedan por su ingreso fuera de plazo, las referidas cotizaciones darán también lugar al devengo de intereses, que serán exigibles desde la correspondiente fecha en que debieron ser ingresadas, de conformidad con el tipo de interés legal del dinero vigente en el momento del pago.

ART. 320. Base reguladora en los supuestos de cotización reducida y de cotización con 65 o más años de edad.

1. Conforme a lo previsto en el artículo 38 ter de la Ley 20/2007, de 11 de julio, del Estatuto del trabajo autónomo, la aplicación de la cuota reducida en él regulada no afectará a la determinación de la cuantía de las prestaciones del sistema de la Seguridad Social que puedan causar las personas trabajadoras por cuenta propia o autónomas que se hubieran beneficiado de dicha cuota, para cuyo cálculo se aplicará el importe de la base mínima vigente del tramo 1 de la tabla general de bases a que se refiere la regla 1.ª del artículo 308.1.a) de esta ley.

2. Por los períodos de actividad en los que los trabajadores incluidos en este régimen especial no hayan efectuado cotizaciones, en los términos previstos en el artículo 311, a efectos de determinar la base reguladora de las prestaciones excluidas de cotización, las bases de cotización correspondientes a las mensualidades de cada ejercicio económico exentas de cotización serán equivalentes al resultado de incrementar, el promedio de las bases de cotización del año natural inmediatamente anterior en el porcentaje de variación media conocida del Índice de Precios de Consumo en el último año indicado, sin que las bases así calculadas puedan ser inferiores a la cuantía de la base mínima de cotización del tramo 1 de la tabla general de bases a que se refiere la regla 1.ª del artículo 308.1.a), fijada anualmente en la Ley de Presupuestos Generales del Estado.

Modificado por Real Decreto-ley 13/2022, de 26 de julio, por el que se establece un nuevo sistema de cotización para los trabajadores por cuenta propia o autónomos y se mejora la protección por cese de actividad. (BOE de 27-07-2022).

ART. 321. Nacimiento y cuantía de la prestación de incapacidad temporal.

1. Para los trabajadores incluidos en este régimen especial, el nacimiento de la prestación económica por incapacidad temporal a que pudieran tener derecho se producirá, en los términos y condiciones que reglamentariamente se establezcan, a partir del cuarto día de la baja en la correspondiente actividad, salvo que el subsidio se hubiese originado a causa de un accidente de trabajo o enfermedad profesional, en cuyo caso la prestación nacerá a partir del día siguiente al de la baja.

2. Los porcentajes aplicables a la base reguladora para la determinación de la cuantía de la prestación económica por incapacidad temporal derivada de contingencias comunes serán los vigentes en el Régimen General respecto a los procesos derivados de las indicadas contingencias.

Modificado por Real Decreto-ley 28/2018, de 28 de diciembre, para la revalorización de las pensiones públicas y otras medidas urgentes en materia social, laboral y de empleo. (BOE de 29-12-2018).

ART. 322. Cuantía de la pensión de jubilación.

La cuantía de la pensión de jubilación en este régimen especial se determinará aplicando a la base reguladora el porcentaje procedente de acuerdo con la escala establecida para el Régimen General, en función exclusivamente de los años de cotización efectiva del beneficiario.

En los supuestos en que en el período que haya de tomarse para el cálculo de la base reguladora aparecieran, con posterioridad a la extinción de la prestación económica por cese de actividad, períodos durante los cuales no hubiese existido obligación de cotizar, se integrarán las lagunas de cotización de los siguientes seis meses de cada uno de dichos períodos con la base mínima de la tabla general de este régimen especial.

Modificado por Real Decreto-ley 2/2023, de 16 de marzo, de medidas urgentes para la ampliación de derechos de los pensionistas, la reducción de la brecha de género y el establecimiento de un nuevo marco de sostenibilidad del sistema público de pensiones. (BOE de 17-03-2023). En vigor a partir del 1 de enero de 2026.

CAPÍTULO IV
Sistema Especial para Trabajadores por Cuenta Propia Agrarios

ART. 323. Ámbito de aplicación.

1. Quedarán comprendidos en este sistema especial los trabajadores por cuenta propia agrarios, mayores de 18 años, que reúnan los requisitos establecidos en el artículo siguiente.

2. El régimen jurídico de este sistema especial se ajustará a lo dispuesto en este título y en sus normas de aplicación y desarrollo, con las particularidades que en ellos se establezcan.

ART. 324. Reglas de inclusión.

1. Quedarán incluidos en este sistema especial los trabajadores a que se refiere el artículo anterior que reúnan los siguientes requisitos:

a) Ser titulares de una explotación agraria y obtener, al menos, el 50 por ciento de su renta total de la realización de actividades agrarias u otras complementarias, siempre que la parte de renta procedente directamente de la actividad agraria realizada en su explotación no sea inferior al 25 por ciento de su renta total y el tiempo de trabajo dedicado a actividades agrarias o complementarias de las mismas, sea superior a la mitad de su tiempo de trabajo total.

b) Que los rendimientos anuales netos obtenidos de la explotación agraria por cada titular de la misma no superen la cuantía equivalente al 75 por ciento del importe, en cómputo anual, de la base máxima de cotización al Régimen General de la Seguridad Social vigente en el ejercicio en que se proceda a su comprobación.

c) La realización de labores agrarias de forma personal y directa en tales explotaciones agrarias, aun cuando ocupen trabajadores por cuenta ajena, siempre que no se trate de más de dos trabajadores que coticen con la modalidad de bases mensuales o, de tratarse de trabajadores que coticen con la modalidad de bases diarias, a las que se refiere el artículo 255, que el número total de jornadas reales efectivamente realizadas no supere las quinientas cuarenta y seis en un año, computado desde el 1 de enero al 31 de diciembre de cada año. El número de jornadas reales se reducirá proporcionalmente en función del número de días de alta del trabajador por cuenta propia agrario en este Sistema Especial durante el año natural de que se trate.

Las limitaciones en la contratación de trabajadores por cuenta ajena a que se refiere el párrafo anterior se entienden aplicables por cada explotación agraria. En el caso de que en la explotación agraria existan dos o más titulares, en alta todos ellos en el Sistema Especial para trabajadores por cuenta propia agrarios del Régimen Especial de los Trabajadores por Cuenta Propia o Autónomos, se añadirá al número de trabajadores o jornales previstos en el párrafo anterior un trabajador más con cotización por bases mensuales, o doscientos setenta y tres jornales al año, en caso de trabajadores con cotización por jornadas reales, por cada titular de la explotación agraria, excluido el primero.

Para determinar el cumplimiento de los requisitos establecidos en las letras a) y b) se podrá tomar en consideración la media simple de las rentas totales y de los rendimientos anuales netos de los tres ejercicios económicos inmediatamente anteriores a aquel en que se efectúe su comprobación, con la excepción del ejercicio o ejercicios afectados por circunstancias excepcionales tenidas en cuenta en aplicación de la normativa reguladora del

Impuesto sobre la Renta de las Personas Físicas, en estos casos se tendrá en cuenta el ejercicio o ejercicios inmediatamente anteriores no afectados por tales circunstancias.

2. A los efectos previstos en este sistema especial, se entiende por explotación agraria el conjunto de bienes y derechos organizados por su titular en el ejercicio de la actividad agraria, y que constituye en sí misma unidad técnico-económica, pudiendo la persona titular o titulares de la explotación serlo por su condición de propietaria, arrendataria, aparcera, cesionaria u otro concepto análogo, de las fincas o elementos materiales de la respectiva explotación agraria.

A este respecto se entiende por actividad agraria el conjunto de trabajos que se requiere para la obtención de productos agrícolas, ganaderos y forestales.

A los efectos previstos en este sistema especial, se considerará actividad agraria la venta directa por parte de la agricultora o agricultor de la producción propia sin transformación o la primera transformación de los mismos cuyo producto final esté incluido en el anexo I del artículo 38 del Tratado de Funcionamiento de la Unión Europea, dentro de los elementos que integren la explotación, en mercados municipales o en lugares que no sean establecimientos comerciales permanentes, considerándose también actividad agraria toda aquella que implique la gestión o la dirección y gerencia de la explotación.

Asimismo, se considerarán actividades complementarias la participación y presencia de la persona titular, como consecuencia de elección pública, en instituciones de carácter representativo, así como en órganos de representación de carácter sindical, cooperativo o profesional, siempre que estos se hallen vinculados al sector agrario.

Igualmente tendrán la consideración de actividades complementarias las actividades de transformación de los productos de su explotación y venta directa de los productos transformados, siempre y cuando no sea la primera especificada en el apartado anterior, así como las relacionadas con la conservación del espacio natural y protección del medio ambiente, el turismo rural o agroturismo, al igual que las cinemáticas y artesanales realizadas en su explotación.

3. La incorporación a este sistema especial afectará, además de al titular de la explotación agraria, a su cónyuge y parientes por consanguinidad o afinidad hasta el tercer grado inclusive que no tengan la consideración de trabajadores por cuenta ajena, siempre que sean mayores de dieciocho años y realicen la actividad agraria de forma personal y directa en la correspondiente explotación familiar.

4. Los hijos del titular de la explotación agraria, menores de treinta años, aunque convivan con él, podrán ser contratados por aquel como trabajadores por cuenta ajena, en los términos previstos en el artículo 12.

5. Los interesados, en el momento de solicitar su incorporación al Sistema Especial para Trabajadores por Cuenta Propia Agrarios, deberán presentar declaración justificativa de la acreditación de los requisitos establecidos en los apartados anteriores para la inclusión en el mismo. La validez de dicha inclusión estará condicionada a la posterior comprobación por parte de la Tesorería General de la Seguridad Social de la concurrencia efectiva de los mencionados requisitos. La acreditación y posterior comprobación se efectuará en la forma y plazos que reglamentariamente se determinen.

Modificado por Ley 30/2022, de 23 de diciembre, por la que se regulan el sistema de gestión de la Política Agrícola Común y otras materias conexas. (BOE de 24-12-2022).

ART. 325. Especialidades en materia de cotización.

La incorporación al Sistema Especial para Trabajadores por Cuenta Propia Agrarios previsto en el artículo anterior determinará la aplicación de las normas de cotización al Régimen Especial de los Trabajadores por Cuenta Propia o Autónomos contenidas en los artículos 308 y siguientes, con las especialidades que se indican a continuación:

a) Respecto de las contingencias de cobertura obligatoria, si el trabajador optase por una base de cotización hasta el 120 por ciento de la base mínima del tramo 1 de la tabla general a que se refiere la regla 1.ª del artículo 308.1.a), el tipo de cotización aplicable será del 18,75 por ciento.

Si, en cambio, el trabajador optase por una base de cotización igual o superior a la señalada en el párrafo anterior, sobre la cuantía que exceda de aquella se aplicará el tipo de cotización vigente en cada momento en este régimen especial para las contingencias comunes.

Los tipos de cotización indicados anteriormente resultarán de aplicación, asimismo, a las bases de cotización definitivas que resulten del procedimiento de regularización a la que se refiere la letra c) del artículo 308.1.

b) Respecto de las contingencias de cobertura voluntaria, la cuota se determinará aplicando, tanto sobre la cuantía completa de la base de cotización provisional, como sobre la definitiva, los siguientes tipos de cotización:

Para la cobertura de la incapacidad temporal y de la protección por cese de actividad, se aplicarán los tipos establecidos en las correspondientes Leyes de Presupuestos Generales del Estado.

Para la cobertura de las contingencias de accidentes de trabajo y enfermedades profesionales, se aplicarán los tipos de cotización establecidos para cada actividad económica, ocupación o situación en la tarifa de primas establecidas legalmente, sin perjuicio de lo que las Leyes de Presupuestos Generales del Estado puedan establecer, en particular, respecto de la protección por incapacidad permanente y muerte y supervivencia derivadas de dichas contingencias profesionales, conforme a lo dispuesto en los artículos 19.3 y 326.

c) Las personas trabajadoras por cuenta propia o autónomas acogidos a la protección por contingencias profesionales o por cese de actividad tendrán una reducción de 0,5 puntos porcentuales en la cotización por la cobertura de incapacidad temporal derivada de contingencias comunes.

Cuando no se haya optado por dar cobertura a la totalidad de las contingencias de accidente de trabajo y enfermedades profesionales, deberá efectuarse una cotización adicional para la financiación de las prestaciones previstas en los capítulos VIII y IX del Título II en los términos que, en su caso, puedan prever las Leyes de Presupuestos Generales del Estado.

Modificado por Real Decreto-ley 13/2022, de 26 de julio, por el que se establece un nuevo sistema de cotización para los trabajadores por cuenta propia o autónomos y se mejora la protección por cese de actividad. (BOE de 27-07-2022).

ART. 326. Cobertura de la incapacidad temporal y de las contingencias profesionales.

De conformidad con lo previsto en la disposición adicional tercera de la Ley 20/2007, de 11 de julio, del Estatuto del trabajo autónomo, la cobertura de la incapacidad temporal y de las contingencias de accidente de trabajo y enfermedad profesional tendrá carácter voluntario en este sistema especial, sin perjuicio de lo que las Leyes de Presupuestos Generales del Estado puedan establecer, en particular, respecto de la protección por incapacidad permanente y muerte y supervivencia derivadas de dichas contingencias profesionales.

TÍTULO V
Protección por cese de actividad

CAPÍTULO I
Disposiciones generales

ART. 327. Objeto y ámbito de aplicación.

1. El sistema específico de protección por el cese de actividad forma parte de la acción protectora del sistema de la Seguridad Social, es de carácter obligatorio y tiene por objeto dispensar a las personas trabajadoras por cuenta propia o autónomas, afiliadas a la Seguridad Social y en alta en el Régimen Especial de Trabajadores por Cuenta Propia o Autónomos o en el Régimen Especial de los Trabajadores del Mar, las prestaciones y medidas establecidas en esta ley ante la situación de cese la actividad que originó el alta en el régimen especial, no obstante poder y querer ejercer una actividad económica o profesional a título lucrativo.

El cese de actividad podrá ser definitivo o temporal.

El cese temporal podrá ser total, que comporta la interrupción de todas las actividades que puedan originar el alta en el régimen especial en el que la persona trabajadora por cuenta propia o autónoma figure encuadrada, en los supuestos regulados en el artículo 331, o parcial, cuando se produzca una reducción de la actividad en los términos previstos en esta ley.

2. La protección por cese de actividad alcanzará también a los socios trabajadores de las cooperativas de trabajo asociado que hayan optado por su encuadramiento como trabajadores por cuenta propia en el régimen especial que corresponda, así como a los trabajadores autónomos que ejerzan su actividad profesional conjuntamente con otros en régimen societario o bajo cualquier otra forma jurídica admitida en derecho, siempre que, en ambos

casos, cumplan con los requisitos regulados en este título con las peculiaridades contempladas, respectivamente, en los artículos 335 y 336.

Modificado por Real Decreto-ley 13/2022, de 26 de julio, por el que se establece un nuevo sistema de cotización para los trabajadores por cuenta propia o autónomos y se mejora la protección por cese de actividad. (BOE de 27-07-2022).

ART. 328. Régimen jurídico.

1. La protección por cese de actividad se rige por lo dispuesto en esta ley y en sus normas de desarrollo, así como, supletoriamente, por las normas que regulan el régimen especial de la Seguridad Social de encuadramiento.

2. Las condiciones y supuestos específicos por los que se rija el sistema de protección de los trabajadores por cuenta propia incluidos en el Sistema Especial de Trabajadores por Cuenta Propia Agrarios se desarrollarán reglamentariamente.

ART. 329. Acción protectora.

1. El sistema de protección por cese de actividad comprende las prestaciones siguientes:

a) La prestación económica por cese, temporal o definitivo, de la actividad.

La prestación señalada se regirá exclusivamente por esta ley y las disposiciones que la desarrollen y complementen.

b) El abono de la cotización a la Seguridad Social del trabajador autónomo al régimen correspondiente. A tales efectos, el órgano gestor se hará cargo de la cuota que corresponda durante la percepción de las prestaciones económicas por cese de actividad. La base de cotización durante ese período corresponde a la base reguladora de la prestación por cese de actividad en los términos establecidos en el artículo 339, sin que, en ningún caso, la base de cotización pueda ser inferior al importe de la base mínima o base única de cotización prevista en el correspondiente régimen.

En los supuestos previstos en los epígrafes 4.º y 5.º del apartado 1.a) del artículo 331, el órgano gestor se hará cargo del 50 por ciento de la cuota que corresponda durante la percepción de la prestación económica, siendo el otro 50 por ciento a cargo del trabajador. El órgano gestor abonará a la persona trabajadora autónoma, junto con la prestación por cese de la actividad, el importe de la cuota que le corresponda, siendo la persona trabajadora autónoma la responsable del ingreso de la totalidad de las cotizaciones a la Seguridad Social.

En los supuestos previstos en el artículo 331.1.d), no existirá la obligación de cotizar a la Seguridad Social, estando a lo previsto en el artículo 21.5 de la Ley Orgánica 1/2004, de 28 de diciembre, de Medidas de Protección Integral contra la Violencia de Género, y en el artículo 38.5 de la Ley Orgánica de garantía integral de la libertad sexual.

Modificado por Ley Orgánica 10/2022, de 6 de septiembre, de garantía integral de la libertad sexual (BOE de 07/09/2022) y por el Real Decreto-ley 13/2022, de 26 de julio, por el que se establece un nuevo sistema de cotización para los trabajadores por cuenta propia o autónomos y se mejora la protección por cese de actividad (BOE de 27/07/2022).

ART. 330. Requisitos para el nacimiento del derecho a la protección.

1. El derecho a la protección por cese de actividad se reconocerá a las personas trabajadoras por cuenta propia o autónomas en las que concurran los requisitos siguientes:

a) Estar afiliadas y en alta en el Régimen Especial de Trabajadores por Cuenta Propia o Autónomos o en el Régimen Especial de los Trabajadores del Mar, en su caso.

b) Tener cubierto el período mínimo de cotización por cese de actividad a que se refiere el artículo 338.

c) Encontrarse en situación legal de cese de actividad, suscribir el acuerdo de actividad al que se refiere el artículo 3 de la Ley 3/2023, de 28 de febrero, de Empleo, y acreditar activa disponibilidad para la reincorporación al mercado de trabajo a través de las actividades formativas, de orientación profesional y de promoción de la actividad emprendedora a las que pueda convocarle el servicio público de empleo de la correspondiente Comunidad Autónoma, o en su caso el Instituto Social de la Marina.

d) En el supuesto de cese definitivo, no haber cumplido la edad ordinaria para causar derecho a la pensión contributiva de jubilación, salvo que el trabajador autónomo no tuviera acreditado el período de cotización requerido para ello.

e) Hallarse al corriente en el pago de las cuotas a la Seguridad Social. No obstante, si en la fecha de cese de actividad no se cumpliera este requisito, el órgano gestor invitará al pago al trabajador autónomo para que en el plazo improrrogable de treinta días naturales ingrese las cuotas debidas. La regularización del descubierto producirá plenos efectos para la adquisición del derecho a la protección.

f) Para causar derecho al cese previsto en el artículo 331.1.a).4.° y 5.°, la persona trabajadora autónoma no podrá ejercer otra actividad salvo lo previsto en el apartado 3 del artículo 342.

2. Cuando la persona trabajadora por cuenta propia o autónoma tenga a uno o más trabajadores a su cargo y concurra alguna de las causas del artículo 331.1, será requisito previo al cese de actividad el cumplimiento de las garantías, obligaciones y procedimientos regulados en la legislación laboral.

La misma regla será aplicable en el caso de la persona trabajadora autónoma profesional que ejerza su actividad profesional conjuntamente con otros, con independencia de que hayan cesado o no el resto de los profesionales, así como en el supuesto de las cooperativas a que hace referencia el artículo 335 cuando se produzca el cese definitivo de la actividad.

Modificado por Ley 3/2023, de 28 de febrero, de Empleo. (BOE de 01-03-2023).

ART. 331. Situación legal de cese de actividad.

1. Sin perjuicio de las peculiaridades previstas en el capítulo siguiente, se encontrarán en situación legal de cese de actividad todos aquellos trabajadores autónomos que cesen en el ejercicio de su actividad por alguna de las causas siguientes:

a) Por la concurrencia de motivos económicos, técnicos, productivos u organizativos determinantes de la inviabilidad de proseguir la actividad económica o profesional.

En caso de establecimiento abierto al público se exigirá el cierre del mismo durante la percepción del subsidio o bien su transmisión a terceros. No obstante, el autónomo titular del inmueble donde se ubica el establecimiento podrá realizar sobre el mismo los actos de disposición o disfrute que correspondan a su derecho, siempre que no supongan la continuidad del autónomo en la actividad económica o profesional finalizada.

Se entenderá que existen motivos económicos, técnicos, productivos u organizativos cuando concurra alguna de las circunstancias siguientes:

1.° Pérdidas derivadas del desarrollo de la actividad en un año completo, superiores al 10 por ciento de los ingresos obtenidos en el mismo periodo, excluido el primer año de inicio de la actividad.

2.° Ejecuciones judiciales o administrativas tendentes al cobro de las deudas reconocidas por los órganos ejecutivos, que comporten al menos el 30 por ciento de los ingresos del ejercicio económico inmediatamente anterior.

3.° La declaración judicial de concurso que impida continuar con la actividad, en los términos de la Ley 22/2003, de 9 de julio, Concursal.

4.° La reducción del 60 por ciento de la jornada de la totalidad de las personas en situación de alta con obligación de cotizar de la empresa o suspensión temporal de los contratos de trabajo de al menos del 60 por ciento del número de personas en situación de alta con obligación de cotizar de la empresa siempre que los dos trimestres fiscales previos a la solicitud presentados ante la Administración tributaria, el nivel de ingresos ordinarios o ventas haya experimentado una reducción del 75 por ciento de los registrados en los mismos periodos del ejercicio o ejercicios anteriores y los rendimientos netos mensuales del trabajador autónomo durante esos trimestres, por todas las actividades económicas, empresariales o profesionales, que desarrolle, no alcancen la cuantía del salario mínimo interprofesional o la de la base por la que viniera cotizando, si esta fuera inferior.

En estos casos no será necesario el cierre del establecimiento abierto al público o su transmisión a terceros.

5.° En el supuesto de trabajadores autónomos que no tengan trabajadores asalariados, el mantenimiento de deudas exigibles con acreedores cuyo importe supere el 150 por ciento de los ingresos ordinarios o ventas durante los dos trimestres fiscales previos a la solicitud, y que estos ingresos o ventas supongan a su vez una reducción del 75 por ciento respecto del registrado en los mismos períodos del ejercicio o ejercicios anteriores. A tal efecto no se computarán las deudas que por incumplimiento de sus obligaciones con la Seguridad Social o con la Administración tributaria mantenga.

Se exigirá igualmente que los rendimientos netos mensuales del trabajador autónomo durante esos trimestres, por todas las actividades económicas o profesionales que desarrolle, no alcancen la cuantía del salario mínimo interprofesional o la de la base por la que viniera cotizando, si esta fuera inferior. A tal efecto no se computarán las deudas que por incumplimiento de sus obligaciones con la Seguridad Social o con la Administración tributaria mantenga.

En estos casos no será necesario el cierre del establecimiento abierto al público o su transmisión a terceros.

b) Por fuerza mayor, determinante del cese temporal o definitivo de la actividad económica o profesional.

Se entenderá que existen motivos de fuerza mayor en el cese temporal parcial cuando la interrupción de la actividad de la empresa afecte a un sector o centro de trabajo, exista una declaración de emergencia adoptada por la autoridad pública competente y se produzca una caída de ingresos del 75 por ciento de la actividad de la empresa con relación al mismo periodo del año anterior y los ingresos mensuales del trabajador autónomo no alcance el salario mínimo interprofesional o el importe de la base por la que viniera cotizando si esta fuera inferior.

c) Por pérdida de la licencia administrativa, siempre que la misma constituya un requisito para el ejercicio de la actividad económica o profesional y no venga motivada por la comisión de infracciones penales.

d) La violencia de género o la violencia sexual determinante del cese temporal o definitivo de la actividad de la trabajadora autónoma.

e) Por divorcio o separación matrimonial, mediante resolución judicial, en los supuestos en que el autónomo ejerciera funciones de ayuda familiar en el negocio de su excónyuge o de la persona de la que se ha separado, en función de las cuales estaba incluido en el correspondiente Régimen de la Seguridad Social.

2. En ningún caso se considerará en situación legal de cese de actividad:

a) A aquellos que cesen o interrumpan voluntariamente su actividad, salvo en el supuesto previsto en el artículo 333.1.b).

b) A los trabajadores autónomos previstos en el artículo 333 que tras cesar su relación con el cliente y percibir la prestación por cese de actividad, vuelvan a contratar con el mismo cliente en el plazo de un año, a contar desde el momento en que se extinguió la prestación, en cuyo caso deberán reintegrar la prestación recibida.

Modificado por Ley Orgánica 10/2022, de 6 de septiembre, de garantía integral de la libertad sexual (BOE de 07/09/2022) y por el Real Decreto-ley 13/2022, de 26 de julio, por el que se establece un nuevo sistema de cotización para los trabajadores por cuenta propia o autónomos y se mejora la protección por cese de actividad (BOE de 27/07/2022).

ART. 332. Acreditación de la situación legal de cese de actividad.

1. Las situaciones legales de cese de actividad de los trabajadores autónomos se acreditarán mediante declaración jurada del solicitante, en la que se consignará el motivo o motivos concurrentes y la fecha de efectos del cese, a la que acompañará los documentos que seguidamente se establecen, sin perjuicio de aportarse, si aquel lo estima conveniente, cualquier medio de prueba admitido legalmente:

1.1 Los motivos económicos, técnicos, productivos u organizativos se acreditarán mediante los documentos contables, profesionales, fiscales, administrativos o judiciales que justifiquen la falta de viabilidad de la actividad.

a) Salvo en los supuestos previstos en los epígrafes b) y c), se deberán aportar los documentos que acrediten el cierre del establecimiento en los términos establecidos en el artículo 331.1.a), la baja en el Censo tributario de empresarios, profesionales y retenedores y la baja en el régimen especial de la Seguridad Social en el que estuviera encuadrado el solicitante. En el caso de que la actividad requiriera el otorgamiento de autorizaciones o licencias administrativas, se acompañará la comunicación de solicitud de baja correspondiente y, en su caso, la concesión de la misma, o bien el acuerdo de su retirada.

Sin perjuicio de los documentos señalados en el párrafo anterior, la concurrencia de motivos económicos se considerará acreditada mediante la aportación, en los términos que reglamentariamente se establezcan, de la documentación contable que confeccione el trabajador autónomo, en la que se registre el nivel de pérdidas exigido en los términos del artículo 331.1.a).1.°, así como mediante las declaraciones del Impuesto sobre el Valor Añadido, del Impuesto sobre la Renta de las Personas Físicas y demás documentos preceptivos que, a su vez, justifiquen las partidas correspondientes consignadas en las cuentas aportadas. En todo caso, las partidas que se consignen corresponderán a conceptos admitidos en las normas que regulan la contabilidad.

El trabajador autónomo podrá formular su solicitud aportando datos estimados de cierre, al objeto de agilizar la instrucción del procedimiento, e incorporará los definitivos con carácter previo al dictado de la resolución.

b) En los supuestos previstos en el artículo 331.1.a).4.º, deberá aportarse comunicación a la autoridad laboral de la decisión de adoptar la medida, así como de los documentos contables en el que se registren el nivel de perdidas exigidos, y las declaraciones del Impuesto sobre el Valor Añadido, del Impuesto sobre la Renta de las Personas Físicas y demás documentos preceptivos que, a su vez, justifiquen los ingresos del trabajador autónomo y las partidas correspondientes consignadas en las cuentas aportadas.

En estos casos no procederá la baja en el régimen especial de la Seguridad Social.

c) En los supuestos previstos en el artículo 331.1.a).5.º, deberán aportarse los documentos contables en el que se registren el nivel de perdidas exigidos, y las declaraciones del Impuesto sobre el Valor Añadido, del Impuesto sobre la Renta de las Personas Físicas y demás documentos preceptivos que, a su vez, justifiquen los ingresos del trabajador autónomo y las partidas correspondientes consignadas en las cuentas aportadas.

En estos casos no procederá la baja en el régimen especial de la Seguridad Social.

También deberán aportarse los acuerdos singulares de refinanciación de la deuda reflejados en escritura pública con los acreedores, individual o conjuntamente, cuya duración sea igual o superior al tiempo del derecho del percibo de la prestación por cese de actividad, y donde se justifiquen tales acuerdos, así como los actos y negocios realizados entre el trabajador autónomo y los acreedores que suscriban los mismos.

1.2 La fuerza mayor determinante del cese definitivo o temporal total de la actividad económica o profesional se acreditará mediante documentación que acredite la existencia de la misma y la imposibilidad del ejercicio de la actividad ya sea de forma definitiva o temporal.

Si el cese es definitivo deberá aportar la solicitud de baja en el Censo tributario de empresarios, profesionales y retenedores y la baja en el régimen especial de la Seguridad Social en el que estuviera encuadrado el solicitante. En el caso de que la actividad requiriera el otorgamiento de autorizaciones o licencias administrativas, se acompañará la comunicación de solicitud de baja correspondiente y, en su caso, la concesión de la misma, o bien el acuerdo de su retirada.

Si el cese es temporal parcial, deberá aportarse además de los documentos que acrediten la existencia de la fuerza mayor, el acuerdo de la administración pública competente al que hace referencia el artículo 331.1.b).

En el cese temporal total y parcial no procederá la baja en el régimen especial de la Seguridad Social.

1.3 La pérdida de la licencia administrativa que habilitó el ejercicio de la actividad mediante resolución correspondiente.

1.4 La violencia de género o la violencia sexual, por la declaración escrita de la solicitante de haber cesado o interrumpido su actividad económica o profesional, a la que se adjuntará cualquiera de los documentos a los que se refieren el artículo 23 de la Ley Orgánica 1/2004, de 28 de diciembre, de Medidas de Protección Integral contra la Violencia de Género o el artículo 37 de la Ley Orgánica de garantía integral de la libertad sexual.

De tratarse de una trabajadora autónoma económicamente dependiente, aquella declaración podrá ser sustituida por la comunicación escrita del cliente del que dependa económicamente en la que se hará constar el cese o la interrupción de la actividad. Tanto la declaración como la comunicación han de contener la fecha a partir de la cual se ha producido el cese o la interrupción.

1.5 El divorcio o acuerdo de separación matrimonial de los familiares incursos en la situación prevista en el artículo 331.1.e) se acreditará mediante la correspondiente resolución judicial, a la que acompañarán la documentación correspondiente en la que se constate la pérdida de ejercicio de las funciones de ayuda familiar directa en el negocio, que venían realizándose con anterioridad a la ruptura o separación matrimoniales.

2. Reglamentariamente se desarrollará la documentación a presentar por los trabajadores autónomos con objeto de acreditar la situación legal de cese de actividad prevista en este artículo.

Modificado por Ley Orgánica 10/2022, de 6 de septiembre, de garantía integral de la libertad sexual (BOE de 07/09/2022) y por el Real Decreto-ley 13/2022, de 26 de julio, por el que se establece un nuevo sistema de cotización para los trabajadores por cuenta propia o autónomos y se mejora la protección por cese de actividad (BOE de 27/07/2022).

CAPÍTULO II
Situación legal de cese de actividad en supuestos especiales

ART. 333. Trabajadores autónomos económicamente dependientes.

1. Se encontrarán en situación legal de cese de actividad los trabajadores autónomos económicamente dependientes que, sin perjuicio de lo previsto en el primer apartado del artículo 331, cesen su actividad por extinción del contrato suscrito con el cliente del que dependan económicamente, en los siguientes supuestos:

a) Por la terminación de la duración convenida en el contrato o conclusión de la obra o servicio.

b) Por incumplimiento contractual grave del cliente, debidamente acreditado.

c) Por rescisión de la relación contractual adoptada por causa justificada por el cliente, de acuerdo con lo establecido en la Ley 20/2007, de 11 de julio.

d) Por rescisión de la relación contractual adoptada por causa injustificada por el cliente, de acuerdo con lo establecido en la Ley 20/2007, de 11 de julio.

e) Por muerte, incapacidad o jubilación del cliente, siempre que impida la continuación de la actividad.

2. La situación legal de cese de actividad establecida en el apartado 1 será también de aplicación a los trabajadores autónomos que carezcan del reconocimiento de económicamente dependientes, siempre que su actividad cumpla las condiciones establecidas en el artículo 11 de la Ley 20/2007, de 11 de julio, y en el artículo 2 del Real Decreto 197/2009, de 23 de febrero, por el que se desarrolla el Estatuto del trabajo autónomo en materia de contrato del trabajador autónomo económicamente dependiente y su registro y se crea el Registro Estatal de asociaciones profesionales de trabajadores autónomos.

3. Sin perjuicio de lo previsto en el artículo 332.1, las situaciones legales de cese de actividad de los trabajadores autónomos económicamente dependientes, así como de los mencionados en el apartado 2, se acreditarán a través de los siguientes medios:

a) La terminación de la duración convenida en contrato o conclusión de la obra o servicio, mediante su comunicación ante el registro correspondiente del servicio público de empleo con la documentación que así lo justifique.

b) El incumplimiento contractual grave del cliente, mediante comunicación por escrito del mismo en la que conste la fecha a partir de la cual tuvo lugar el cese de la actividad, mediante el acta resultante de la conciliación previa, o mediante resolución judicial.

c) La causa justificada del cliente, a través de comunicación escrita expedida por este en un plazo de diez días desde su concurrencia, en la que deberá hacerse constar el motivo alegado y la fecha a partir de la cual se produce el cese de la actividad del trabajador autónomo. En el caso de no producirse la comunicación por escrito, el trabajador autónomo podrá solicitar al cliente que cumpla con dicho requisito, y si transcurridos diez días desde la solicitud el cliente no responde, el trabajador autónomo económicamente dependiente podrá acudir al órgano gestor informando de dicha situación, aportando copia de la solicitud realizada al cliente y solicitando le sea reconocido el derecho a la protección por cese de actividad.

d) La causa injustificada, mediante comunicación expedida por el cliente en un plazo de diez días desde su concurrencia, en la que deberá hacerse constar la indemnización abonada y la fecha a partir de la cual tuvo lugar el cese de la actividad, mediante el acta resultante de la conciliación previa o mediante resolución judicial, con independencia de que la misma fuese recurrida por el cliente. En el caso de no producirse la comunicación por escrito, el trabajador autónomo podrá solicitar al cliente que cumpla con dicho requisito, y si transcurridos diez días desde la solicitud el cliente no responde, el trabajador autónomo económicamente dependiente podrá acudir al órgano gestor informando de dicha situación, aportando copia de la solicitud realizada al cliente y solicitando le sea reconocido el derecho a la protección por cese de actividad.

e) La muerte, la incapacidad o la jubilación del cliente, mediante certificación de defunción del Registro Civil, o bien resolución de la entidad gestora correspondiente acreditativa del reconocimiento de la pensión de jubilación o incapacidad permanente.

4. Reglamentariamente se desarrollará la documentación a presentar por los trabajadores autónomos con objeto de acreditar la situación legal de cese de actividad prevista en este artículo.

ART. 334. Trabajadores autónomos por su condición de socios de sociedades de capital.

1. La situación legal de cese de la actividad de los trabajadores autónomos incluidos en el Régimen Especial de los Trabajadores por Cuenta Propia o Autónomos por aplicación del artículo 305. 2.b), se producirá cuando cesen involuntariamente en el cargo de consejero o administrador de la sociedad o en la prestación de servicios a la misma y la sociedad haya incurrido en pérdidas en los términos previstos en el artículo 331.1.a).1.º o bien haya disminuido su patrimonio neto por debajo de las dos terceras partes de la cifra del capital social.

2. El cese de actividad de los socios de las entidades capitalistas se acreditará mediante el acuerdo adoptado en junta, por el que se disponga el cese en el cargo de administrador o consejero junto con el certificado emitido por el Registro Mercantil que acredite la inscripción del acuerdo. En el supuesto de cese en la prestación de servicios se requerirá la aportación del documento que lo acredite así como el acuerdo de la Junta de reducción del capital por pérdidas.

En ambos casos se requerirá la acreditación de la situación de pérdidas o de disminución del patrimonio neto en los términos establecidos en el apartado 1.

ART. 335. Socios trabajadores de cooperativas de trabajo asociado.

1. Se considerarán en situación legal de cese de actividad los socios trabajadores de cooperativas de trabajo asociado que se encuentren en alguno de los siguientes supuestos:

a) Los que hubieren cesado, con carácter definitivo o temporal, en la prestación de trabajo y, por tanto, en la actividad desarrollada en la cooperativa, perdiendo los derechos económicos derivados directamente de dicha prestación por alguna de las siguientes causas:

1.º Por expulsión improcedente de la cooperativa.

2.º Por causas económicas, técnicas, organizativas, productivas o de fuerza mayor.

3.º Por finalización del período al que se limitó el vínculo societario de duración determinada.

4.º Por causa de violencia de género o violencia sexual, en las socias trabajadoras.

5.º Por pérdida de licencia administrativa de la cooperativa.

b) Los aspirantes a socios en período de prueba que hubieran cesado en la prestación de trabajo durante el mismo por decisión unilateral del Consejo Rector u órgano de administración correspondiente de la cooperativa.

2. La declaración de la situación legal de cese de actividad de los socios trabajadores de cooperativas de trabajo asociado se efectuará con arreglo a las siguientes normas:

a) En el supuesto de expulsión del socio será necesaria la notificación del acuerdo de expulsión por parte del Consejo Rector de la cooperativa u órgano de administración correspondiente, indicando su fecha de efectos, y en todo caso el acta de conciliación judicial o la resolución definitiva de la jurisdicción competente que declare expresamente la improcedencia de la expulsión.

b) En el caso de cese definitivo o temporal de la actividad por motivos económicos, técnicos, organizativos o de producción, en los términos expresados en el artículo 331.1.a). No se exigirá el cierre de establecimiento abierto al público en los casos en los que no cesen la totalidad de los socios trabajadores de la cooperativa de trabajo asociado.

Tales causas se acreditarán mediante la aportación, por parte de la sociedad cooperativa, de los documentos a que se refiere el artículo 332.1.a). Asimismo, se deberá acreditar certificación literal del acuerdo de la asamblea general del cese definitivo o temporal de la prestación de trabajo y de actividad de los socios trabajadores.

c) En el supuesto de finalización del período al que se limitó el vínculo societario de duración determinada, será necesaria certificación del Consejo Rector u órgano de administración correspondiente de la baja en la cooperativa por dicha causa y su fecha de efectos.

d) En el caso de violencia de género o violencia sexual, por la declaración escrita de la solicitante de haber cesado o interrumpido su prestación de trabajo en la sociedad cooperativa, a la que se adjuntará cualquiera de los documentos a los que se refieren el artículo 23 de la Ley Orgánica 1/2004, de 28 de diciembre, de Medidas de Protección Integral contra la Violencia de Género, o el artículo 37 de la Ley Orgánica de garantía integral de la libertad sexual. La declaración ha de contener la fecha a partir de la cual se ha producido el cese o la interrupción.

e) En el caso de cese durante el período de prueba será necesaria comunicación del acuerdo de no admisión por parte del Consejo Rector u órgano de administración correspondiente de la cooperativa al aspirante.

3. No estarán en situación legal de cese de actividad los socios trabajadores de las cooperativas de trabajo asociado que, tras cesar definitivamente en la prestación de trabajo, y por tanto, en la actividad desarrollada en la cooperativa, y haber percibido la prestación por cese de actividad, vuelvan a ingresar en la misma sociedad cooperativa en un plazo de un año, a contar desde el momento en que se extinguió la prestación. Si el socio trabajador reingresa en la misma sociedad cooperativa en el plazo señalado, deberá reintegrar la prestación percibida.

4. Los socios trabajadores que se encuentren en situación legal de cese de actividad deberán solicitar el reconocimiento del derecho a las prestaciones al órgano gestor del artículo 346, salvo lo establecido en el apartado 3 de dicho artículo y hasta el último día del mes siguiente a la declaración de la situación legal de cese de actividad, en los términos expresados en el apartado 2.

En caso de presentar la solicitud fuera del indicado plazo se estará a lo dispuesto en las normas de carácter general de este título.

Modificado por Ley Orgánica 10/2022, de 6 de septiembre, de garantía integral de la libertad sexual. (BOE de 07-09-2022).

ART. 336. Trabajadores autónomos que ejercen su actividad profesional conjuntamente.

Se considerarán en situación legal de cese de actividad los trabajadores autónomos profesionales que hubieren cesado, con carácter definitivo o temporal en la profesión desarrollada conjuntamente con otros, por alguna de las siguientes causas:

a) Por la concurrencia de motivos económicos, técnicos, productivos u organizativos a que se refiere el artículo 331.1.a), y determinantes de la inviabilidad de proseguir con la profesión, con independencia de que acarree o no el cese total de la actividad de la sociedad o forma jurídica en la que estuviera ejerciendo su profesión.

No se exigirá el cierre de establecimiento abierto al público en los casos en los que no cesen la totalidad de los profesionales de la entidad, salvo en aquellos casos en los que el establecimiento esté a cargo exclusivamente del profesional. No obstante, en este caso no podrá declararse la situación legal de cese de actividad cuando el trabajador autónomo, tras cesar en su actividad y percibir la prestación por cese de actividad, vuelva a ejercer la actividad profesional en la misma entidad en un plazo de un año, a contar desde el momento en que se extinguió la prestación. En caso de incumplimiento de esta cláusula, deberá reintegrar la prestación percibida.

b) Por fuerza mayor, determinante del cese temporal o definitivo de la profesión.

c) Por pérdida de la licencia administrativa, siempre que la misma constituya un requisito para el ejercicio de la actividad económica o profesional y no venga motivada por la comisión de infracciones penales.

d) La violencia de género o violencia sexual determinante del cese temporal o definitivo de la profesión de la trabajadora autónoma.

e) Por divorcio o acuerdo de separación matrimonial, mediante la correspondiente resolución judicial, en los supuestos en que el autónomo divorciado o separado ejerciera funciones de ayuda familiar en el negocio de su excónyuge o de la persona de la que se ha separado, en función de las cuales estaba incluido en el correspondiente régimen de la Seguridad Social, y que dejan de ejercerse a causa de la ruptura o separación matrimoniales.

Modificado por Ley Orgánica 10/2022, de 6 de septiembre, de garantía integral de la libertad sexual. (BOE de 07-09-2022).

CAPÍTULO III
Régimen de la protección

ART. 337. Solicitud y nacimiento del derecho a la protección por cese de actividad.

1. Los trabajadores autónomos que cumplan los requisitos establecidos en el artículo 330 deberán solicitar a la mutua colaboradora con la Seguridad Social a la que se encuen-

tren adheridos o a la entidad gestora con la que tengan cubierta la protección dispensada por contingencias derivadas de accidentes de trabajo y enfermedades profesionales, el reconocimiento del derecho a la protección por cese de actividad.

2. El derecho al percibo de la correspondiente prestación económica nacerá, en los supuestos previstos en el artículo 331.1.a), el día siguiente a aquel en que tenga efectos la baja en el régimen especial al que estuvieran adscritos. No obstante, en los supuestos de cese de actividad previsto en el artículo 331.1.a).4.°, dado que no procede la baja en el régimen de Seguridad Social correspondiente, el derecho al percibo nacerá el primer día del mes siguiente a la comunicación a la autoridad laboral de la decisión empresarial de reducción del 60 por ciento de la jornada laboral de todos los trabajadores de la empresa, o a la suspensión temporal de los contratos de trabajo del 60 por ciento de la plantilla de la empresa.

De igual modo, en los supuestos a que se refiere el artículo 331.1.a).5.°, al no proceder tampoco la baja en el régimen especial correspondiente, el derecho al percibo nacerá el primer día del mes siguiente al de la solicitud.

En los supuestos de suspensión temporal total o parcial de actividad como consecuencia de fuerza mayor previstos en el artículo 331.1.b), el nacimiento del derecho se producirá el día en que quede acreditada la concurrencia de la fuerza mayor a través de los documentos oportunos, no siendo necesaria la baja en el régimen especial correspondiente.

En el resto de los supuestos regulados en el artículo 331, el nacimiento del derecho se producirá el día primero del mes siguiente a aquel en que tenga efectos la baja como consecuencia del cese en la actividad.

3. Cuando el trabajador autónomo económicamente dependiente haya finalizado su relación con el cliente principal, para tener derecho al percibo de la prestación, no podrá tener actividad con otros clientes a partir del día en que inicie el cobro de la prestación.

4. El reconocimiento de la situación legal de cese de actividad se podrá solicitar hasta el último día del mes siguiente al que se produjo el cese de actividad. No obstante, en las situaciones legales de cese de actividad causadas por motivos económicos, técnicos, productivos u organizativos, de fuerza mayor, por violencia de género, violencia sexual, por voluntad del cliente, fundada en causa justificada y por muerte, incapacidad y jubilación del cliente, el plazo comenzará a computar a partir de la fecha que se hubiere hecho constar en los correspondientes documentos que acrediten la concurrencia de tales situaciones.

5. En caso de presentación de la solicitud una vez transcurrido el plazo fijado en el apartado anterior, y siempre que el trabajador autónomo cumpla con el resto de los requisitos legalmente previstos, se descontarán del período de percepción los días que medien entre la fecha en que debería haber presentado la solicitud y la fecha en que la presentó.

6. El órgano gestor se hará cargo de la cuota de Seguridad Social que le corresponda durante el periodo de percepción de la prestación, siempre que se hubiere solicitado en el plazo previsto en el apartado 4. En otro caso, el órgano gestor se hará cargo a partir del día primero del mes siguiente al de la solicitud.

Cuando el trabajador autónomo económicamente dependiente haya finalizado su relación con el cliente principal, en el supuesto de que, en el mes posterior al hecho causante, tuviera actividad con otros clientes, el órgano gestor estará obligado a cotizar a partir de la fecha de inicio de la prestación.

Modificado por Ley Orgánica 10/2022, de 6 de septiembre, de garantía integral de la libertad sexual (BOE de 07/09/2022) y por el Real Decreto-ley 13/2022, de 26 de julio, por el que se establece un nuevo sistema de cotización para los trabajadores por cuenta propia o autónomos y se mejora la protección por cese de actividad (BOE de 27/07/2022).

ART. 338. Duración de la prestación económica.

1. La duración de la prestación por cese de actividad estará en función de los períodos de cotización efectuados dentro de los cuarenta y ocho meses anteriores a la situación legal de cese de actividad de los que, al menos, doce meses deben estar comprendidos en los veinticuatro meses inmediatamente anteriores a dicha situación de cese con arreglo a la siguiente escala.

Período de cotización - Meses	Período de la protección - Meses
De doce a diecisiete.	4
De dieciocho a veintitrés.	6
De veinticuatro a veintinueve.	8
De treinta a treinta y cinco.	10
De treinta y seis a cuarenta y dos.	12
De cuarenta y tres a cuarenta y siete.	16
De cuarenta y ocho en adelante.	24

2. (Suprimido)

3. El trabajador autónomo al que se le hubiere reconocido el derecho a la protección económica por cese de actividad podrá volver a solicitar un nuevo reconocimiento, siempre que concurran los requisitos legales y hubieren transcurrido dieciocho meses desde el reconocimiento del último derecho a la prestación.

4. A efectos de determinar los períodos de cotización a que se refieren los apartados 1 y 2:

a) Se tendrán en cuenta exclusivamente las cotizaciones por cese de actividad efectuadas al régimen especial correspondiente.

b) Se tendrán en cuenta las cotizaciones por cese de actividad que no hubieren sido computadas para el reconocimiento de un derecho anterior de la misma naturaleza.

c) Los meses cotizados se computarán como meses completos.

d) Las cotizaciones que generaron la última prestación por cese de actividad no podrán computarse para el reconocimiento de un derecho posterior.

e) En el Régimen Especial de los Trabajadores del Mar, los períodos de veda obligatoria aprobados por la autoridad competente no se tendrán en cuenta para el cómputo del período de doce meses continuados e inmediatamente anteriores a la situación legal de cese de actividad, siempre y cuando en esos períodos de veda no se hubiera percibido la prestación por cese de actividad.

Modificado por Real Decreto-ley 13/2022, de 26 de julio, por el que se establece un nuevo sistema de cotización para los trabajadores por cuenta propia o autónomos y se mejora la protección por cese de actividad. (BOE de 27-07-2022).

ART. 339. Cuantía de la prestación económica por cese de la actividad.

1. La base reguladora de la prestación económica por cese de actividad será el promedio de las bases por las que se hubiere cotizado durante los doce meses continuados e inmediatamente anteriores a la situación legal de cese.

En el Régimen Especial de los Trabajadores del Mar la base reguladora se calculará sobre la totalidad de la base de cotización por esta contingencia, sin aplicación de los coeficientes correctores de cotización, y además, los períodos de veda obligatoria aprobados por la autoridad competente no se tendrán en cuenta para el computo del período de doce meses continuados e inmediatamente anteriores a la situación legal de cese de actividad, siempre y cuando en esos períodos de veda no se hubiera percibido la prestación por cese de actividad.

2. La cuantía de la prestación, durante todo su período de disfrute, se determinará aplicando a la base reguladora el 70 por ciento, salvo en los supuestos previstos en los epígrafes 4.º y 5.º del artículo 331.1.a) y en los supuestos de suspensión temporal parcial debidas a fuerza mayor, donde la cuantía de la prestación será del 50 por ciento.

3. La cuantía máxima de la prestación por cese de actividad será del 175 por ciento del indicador público de rentas de efectos múltiples, salvo cuando el trabajador autónomo tenga uno o más hijos a su cargo, en cuyo caso la cuantía será, respectivamente, del 200 por ciento o del 225 por ciento de dicho indicador.

La cuantía mínima de la prestación por cese de actividad será del 107 por ciento o del 80 por ciento del indicador público de rentas de efectos múltiples, según el trabajador autónomo tenga hijos a su cargo, o no.

Lo dispuesto en este apartado no se aplicará a los supuestos previstos en los epígrafes 4.º y 5.º del apartado 1.a) del artículo 331 ni a los supuestos de suspensión temporal parcial debidas a fuerza mayor previstos en el artículo 331.1.b).

4. A efectos de calcular las cuantías máxima y mínima de la prestación por cese de actividad, se entenderá que se tienen hijos a cargo, cuando estos sean menores de veintiséis años, o mayores con una discapacidad en grado igual o superior al 33 por ciento, carezcan de rentas de cualquier naturaleza iguales o superiores al salario mínimo interprofesional excluida la parte proporcional de las pagas extraordinarias, y convivan con el beneficiario.

A los efectos de la cuantía máxima y mínima de la prestación por cese de actividad, se tendrá en cuenta el indicador público de rentas de efectos múltiples mensual, incrementado en una sexta parte, vigente en el momento del nacimiento del derecho.

Modificado por Real Decreto-ley 13/2022, de 26 de julio, por el que se establece un nuevo sistema de cotización para los trabajadores por cuenta propia o autónomos y se mejora la protección por cese de actividad. (BOE de 27-07-2022).

ART. 340. Suspensión del derecho a la protección.

1. El derecho a la protección por cese de actividad se suspenderá por el órgano gestor en los siguientes supuestos:

a) Durante el período que corresponda por imposición de sanción por infracción leve o grave, en los términos establecidos en el texto refundido de la Ley sobre Infracciones y Sanciones en el Orden Social.

b) Durante el cumplimiento de condena que implique privación de libertad.

c) Durante el período de realización de un trabajo por cuenta propia o por cuenta ajena, salvo en los supuestos de cese de actividad previsto en los epígrafes 4.º y 5.º del artículo 331.1.a), o de cese temporal parcial de la actividad derivado de fuerza mayor, que serán compatible con la actividad que causa el cese, en los términos previstos en el artículo 342.1, y sin perjuicio de la extinción del derecho a la protección por cese de actividad en el supuesto establecido en el artículo 341.1.c).

2. La suspensión del derecho comportará la interrupción del abono de la prestación económica y de la cotización sin afectar al período de su percepción, salvo en el supuesto previsto en la letra a) del apartado anterior, en el que el período de percepción se reducirá por tiempo igual al de la suspensión producida.

3. La protección por cese de actividad se reanudará previa solicitud del interesado, siempre que este acredite que ha finalizado la causa de suspensión y que se mantiene la situación legal de cese de actividad.

El derecho a la reanudación nacerá a partir del término de la causa de suspensión, siempre que se solicite en el plazo de los quince días siguientes.

El reconocimiento de la reanudación dará derecho al disfrute de la correspondiente prestación económica pendiente de percibir, así como a la cotización, a partir del primer día del mes siguiente al de la solicitud de la reanudación. En caso de presentarse la solicitud transcurrido el plazo citado, se estará a lo previsto en el artículo 337.3.

Modificado por Real Decreto-ley 13/2022, de 26 de julio, por el que se establece un nuevo sistema de cotización para los trabajadores por cuenta propia o autónomos y se mejora la protección por cese de actividad. (BOE de 27-07-2022).

ART. 341. Extinción del derecho a la protección.

1. El derecho a la protección por cese de actividad se extinguirá en los siguientes casos:

a) Por agotamiento del plazo de duración de la prestación.

b) Por imposición de las sanciones en los términos establecidos en el texto refundido de la Ley sobre Infracciones y Sanciones en el Orden Social.

c) Por realización de un trabajo por cuenta ajena o propia durante un tiempo igual o superior a doce meses, en este último caso siempre que genere derecho a la protección por cese de actividad como trabajador autónomo.

d) Por cumplimiento de la edad de jubilación ordinaria o, en el caso de los trabajadores por cuenta propia encuadrados en el Régimen Especial de los Trabajadores del Mar, edad de jubilación teórica, salvo cuando no se reúnan los requisitos para acceder a la pensión de jubilación contributiva. En este supuesto la prestación por cese de actividad se extinguirá cuando el trabajador autónomo cumpla con el resto de requisitos para acceder a dicha pensión o bien se agote el plazo de duración de la protección.

e) Por reconocimiento de pensión de jubilación o de incapacidad permanente, sin perjuicio de lo establecido en el artículo 342.1.

f) Por traslado de residencia al extranjero, salvo en los casos que reglamentariamente se determinen.

g) Por renuncia voluntaria al derecho.

h) Por fallecimiento del trabajador autónomo.

2. Cuando el derecho a la prestación se extinga en los casos de la letra c) del apartado anterior, el trabajador autónomo podrá optar, en el caso de que se le reconozca una nueva prestación, entre reabrir el derecho inicial por el período que le restaba y las bases y tipos que le correspondían, o percibir la prestación generada por las nuevas cotizaciones efectuadas. Cuando el trabajador autónomo opte por la prestación anterior, las cotizaciones que generaron aquella prestación por la que no hubiera optado no podrán computarse para el reconocimiento de un derecho posterior.

Modificado por Real Decreto-ley 13/2022, de 26 de julio, por el que se establece un nuevo sistema de cotización para los trabajadores por cuenta propia o autónomos y se mejora la protección por cese de actividad. (BOE de 27-07-2022).

ART. 342. Incompatibilidades.

1. La percepción de la prestación económica por cese de actividad es incompatible con el trabajo por cuenta propia, aunque su realización no implique la inclusión obligatoria en el Régimen Especial de la Seguridad Social de los Trabajadores por Cuenta Propia o Autónomos o en el Régimen Especial de la Seguridad Social de los Trabajadores del Mar, así como con el trabajo por cuenta ajena, salvo que la percepción de prestación por cese de actividad venga determina por lo dispuesto en los epígrafes 4.° y 5.° del artículo 331.1.a), o por cese temporal parcial de la actividad derivado de fuerza mayor, que serán compatibles con la actividad que cause el cese, siempre que los rendimientos netos mensuales obtenidos durante la percepción de la prestación no sean superiores a la cuantía del salario mínimo interprofesional o al importe de la base por la que viniera cotizando, si esta fuera inferior.

La incompatibilidad con el trabajo por cuenta propia establecida en el párrafo anterior tendrá como excepción los trabajos agrarios sin finalidad comercial en las superficies dedicadas a huertos familiares para el autoconsumo, así como los dirigidos al mantenimiento en buenas condiciones agrarias y medioambientales previsto en la normativa de la Unión Europea para las tierras agrarias. Esta excepción abarcará asimismo a los familiares colaboradores incluidos en el Régimen Especial de la Seguridad Social de los Trabajadores por Cuenta Propia o Autónomos que también sean perceptores de la prestación económica por cese de actividad. Esta excepción será desarrollada mediante norma reglamentaria.

Será asimismo incompatible con la obtención de pensiones o prestaciones de carácter económico del sistema de la Seguridad Social, salvo que estas hubieran sido compatibles con el trabajo que dio lugar a la prestación por cese de actividad, así como con las medidas de fomento del cese de actividad reguladas por normativa sectorial para diferentes colectivos, o las que pudieran regularse en el futuro con carácter estatal.

2. Por lo que se refiere a los trabajadores por cuenta propia incluidos en el Régimen Especial de los Trabajadores del Mar, la prestación por cese de actividad será incompatible con la percepción de las ayudas por paralización de la flota.

3. En los supuestos en los que el trabajador autónomo se encuentre en situación de pluriactividad, en el momento del hecho causante de la prestación por cese de actividad, la prestación por cese será compatible con la percepción de la remuneración por el trabajo por cuenta ajena que se venía desarrollando, siempre y cuando de la suma de la retribución mensual media de los últimos cuatro meses inmediatamente anteriores al nacimiento del derecho y la prestación por cese de actividad, resulte una cantidad media mensual inferior al importe del salario mínimo interprofesional vigente en el momento del nacimiento del derecho.

Modificado por Real Decreto-ley 14/2022, de 1 de agosto, de medidas de sostenibilidad económica en el ámbito del transporte, en materia de becas y ayudas al estudio, así como de medidas de ahorro, eficiencia energética y de reducción de la dependencia energética del gas natural. (BOE de 02/08/2022).

ART. 343. Cese de actividad, incapacidad temporal, maternidad y paternidad.

1. En el supuesto en que el hecho causante de la protección por cese de actividad se produzca mientras el trabajador autónomo se encuentre en situación de incapacidad temporal, este seguirá percibiendo la prestación por incapacidad temporal en la misma cuantía que la prestación por cese de actividad hasta que la misma se extinga, en cuyo momento pasará a percibir, siempre que reúna los requisitos legalmente establecidos, la prestación económica por cese de actividad que le corresponda. En tal caso, se descontará del período de percepción de la prestación por cese de actividad, como ya consumido, el tiempo que hubiera permanecido en la situación de incapacidad temporal a partir de la fecha de la situación legal de cese de actividad.

2. En el supuesto en que el hecho causante de la protección por cese de actividad se produzca cuando el trabajador autónomo se encuentre en situación de maternidad o paternidad, se seguirá percibiendo la prestación por maternidad o por paternidad hasta que las mismas se extingan, en cuyo momento se pasará a percibir, siempre que reúnan los requisitos legalmente establecidos, la prestación económica por cese de actividad que les corresponda.

3. Si durante la percepción de la prestación económica por cese de actividad el trabajador autónomo pasa a la situación de incapacidad temporal que constituya recaída de un proceso previo iniciado con anterioridad a la situación legal de cese en la actividad, percibirá la prestación por esta contingencia en cuantía igual a la prestación por cese en la actividad. En este caso, y en el supuesto de que el trabajador autónomo continuase en situación de incapacidad temporal una vez finalizado el período de duración establecido inicialmente para la prestación por cese en la actividad, seguirá percibiendo la prestación por incapacidad temporal en la misma cuantía en la que la venía percibiendo.

Cuando el trabajador autónomo esté percibiendo la prestación por cese en la actividad y pase a la situación de incapacidad temporal que no constituya recaída de un proceso anterior iniciado anteriormente, percibirá la prestación por esta contingencia en cuantía igual a la prestación por cese en la actividad. En este caso, y en el supuesto de que el trabajador autónomo continuase en situación de incapacidad temporal una vez finalizado el período de duración establecido inicialmente para la prestación por cese en la actividad, seguirá percibiendo la prestación por incapacidad temporal en cuantía igual al 80 por ciento del indicador público de rentas de efectos múltiples mensual.

El período de percepción de la prestación por cese de actividad no se ampliará como consecuencia de que el trabajador autónomo pase a la situación de incapacidad temporal. Durante dicha situación el órgano gestor de la prestación se hará cargo de las cotizaciones a la Seguridad Social, en los términos previstos en el artículo 329.1.b) hasta el agotamiento del período de duración de la prestación al que el trabajador autónomo tuviere derecho.

4. Si durante la percepción de la prestación económica por cese de actividad la persona beneficiaria se encuentra en situación de maternidad o paternidad pasará a percibir la prestación que por estas contingencias le corresponda. Una vez extinguida esta, el órgano gestor, de oficio, reanudará el abono de la prestación económica por cese de actividad hasta el agotamiento del período de duración a que se tenga derecho.

CAPÍTULO IV
Régimen financiero y gestión de las prestaciones

ART. 344. Financiación, base y tipo de cotización.

1. La protección por cese de actividad se financiará exclusivamente con cargo a la cotización por dicha contingencia. La fecha de efectos de la cobertura se determinará reglamentariamente.

2. La base de cotización por cese de actividad se corresponderá con la base de cotización del Régimen Especial de los Trabajadores por Cuenta Propia o Autónomos que hubiere elegido, como propia, el trabajador autónomo con arreglo a lo establecido en las normas de aplicación, o bien la que le corresponda como trabajador por cuenta propia en el Régimen Especial de los Trabajadores del Mar.

3. El tipo de cotización correspondiente a la protección de la Seguridad Social por cese de actividad, aplicable a la base determinada en el apartado anterior, se establecerá de conformidad con lo dispuesto en el artículo 19. No obstante, al objeto de mantener la soste-

nibilidad financiera del sistema de protección, la Ley de Presupuestos Generales del Estado de cada ejercicio establecerá el tipo de cotización aplicable al ejercicio al que se refieran de acuerdo con las siguientes reglas:

a) El tipo de cotización expresado en tanto por cien será el que resulte de la siguiente fórmula:

$$TCt = G/BC*100$$

Siendo:

t = año al que se refieran los Presupuestos Generales del Estado en el que estará en vigor el nuevo tipo de cotización.

TCt = tipo de cotización aplicable para el año t.

G = suma del gasto por prestaciones de cese de actividad de los meses comprendidos desde 1 de agosto del año t-2 hasta el 31 de julio del año t-1

BC = suma de las bases de cotización por cese de actividad de los meses comprendidos desde 1 de agosto del año t-2 hasta el 31 de julio del año t-1.

b) No obstante lo anterior, no corresponderá aplicar el tipo resultante de la fórmula, manteniéndose el tipo vigente, cuando:

1.º Suponga incrementar el tipo de cotización vigente en menos de 0,5 puntos porcentuales.

2.º Suponga reducir el tipo de cotización vigente en menos de 0,5 puntos porcentuales, o cuando siendo la reducción del tipo mayor de 0,5 puntos porcentuales las reservas de esta prestación a las que se refiere el artículo 346.2 previstas al cierre del año t-1 no superen el gasto presupuestado por la prestación de cese de actividad para el año t.

c) En todo caso, el tipo de cotización a fijar anualmente no podrá ser inferior al 0,7 por ciento ni superior al 4 por ciento.

Cuando el tipo de cotización a fijar en aplicación de lo previsto en este apartado exceda del 4 por ciento, se procederá necesariamente a revisar al alza todos los períodos de carencia previstos en el artículo 338.1 de esta ley, que quedarán fijados en la correspondiente Ley de Presupuestos Generales del Estado. Dicha revisión al alza será al menos de dos meses.

4. La Autoridad Independiente de Responsabilidad Fiscal podrá emitir opinión, conforme a lo dispuesto en el artículo 23 de la Ley Orgánica 6/2013, de 14 de noviembre, de creación de la Autoridad Independiente de Responsabilidad Fiscal, respecto a la aplicación por el Ministerio de Trabajo, Migraciones y Seguridad Social de lo previsto en los apartados anteriores, así como respecto a la sostenibilidad financiera del sistema de protección por cese de actividad.

Modificado por Real Decreto-ley 28/2018, de 28 de diciembre, para la revalorización de las pensiones públicas y otras medidas urgentes en materia social, laboral y de empleo. (BOE de 29-12-2018).

ART. 345. Recaudación.

1. La cuota de protección por cese de actividad se recaudará por la Tesorería General de la Seguridad Social conjuntamente con la cuota o las cuotas del Régimen Especial de los Trabajadores por Cuenta Propia o Autónomos, o del Régimen Especial de los Trabajadores del Mar, liquidándose e ingresándose de conformidad con las normas reguladoras de la gestión recaudatoria de la Seguridad Social para dichos regímenes especiales.

2. Las normas reguladoras de la recaudación de cuotas, tanto en vía voluntaria como ejecutiva, serán de aplicación a la cotización por cese en la actividad a la Seguridad Social para los regímenes señalados.

ART. 346. Órgano gestor.

1. Salvo lo establecido en el artículo anterior y en el apartado 3 de este artículo, corresponde a las mutuas colaboradoras con la Seguridad Social la gestión de las funciones y servicios derivados de la protección por cese de actividad, sin perjuicio de las competencias atribuidas a los órganos competentes en materia de sanciones por infracciones en el orden social y de las competencias de dirección y tutela atribuidas al Ministerio de Empleo y Seguridad Social en el artículo 98.1.

A tal fin, la gestión de la prestación por cese de actividad corresponderá a la mutua con quien el trabajador autónomo haya formalizado el documento de adhesión, mediante la suscripción del anexo correspondiente. El procedimiento de formalización de la protección por cese de actividad, su periodo de vigencia y efectos se regirán por las normas de aplicación a la colaboración de las mutuas en la gestión de la Seguridad Social.

2. El resultado positivo anual que las mutuas obtengan de la gestión del sistema de protección se destinará a la constitución de una Reserva de Estabilización por Cese de Actividad, cuyo nivel mínimo de dotación equivaldrá al 5 por ciento de las cuotas ingresadas durante el ejercicio por esta contingencia, que podrá incrementarse voluntariamente hasta alcanzar el 25 por ciento de las mismas cuotas, que constituirá el nivel máximo de dotación, y cuya finalidad será atender los posibles resultados negativos futuros que se produzcan en esta gestión.

Una vez dotada con cargo al cierre del ejercicio la Reserva de Estabilización en los términos establecidos, el excedente se ingresará en la Tesorería General de la Seguridad Social, con destino a la dotación de una Reserva Complementaria de Estabilización por Cese de Actividad, cuya finalidad será asimismo la cancelación de los déficits que puedan generar las mutuas después de aplicada su reserva de cese de actividad, y la reposición de la misma hasta el nivel mínimo señalado, de acuerdo con lo establecido en el artículo 95.4.

En ningún caso será de aplicación el sistema de responsabilidad mancomunada establecido para los empresarios asociados.

3. En el supuesto de trabajadores autónomos que tengan cubierta la protección dispensada a las contingencias derivadas de accidentes de trabajo y enfermedades profesionales con una entidad gestora de la Seguridad Social, la tramitación de la solicitud y la gestión de la prestación por cese de actividad corresponderá:

a) En el ámbito del Régimen Especial de la Seguridad Social de los Trabajadores del Mar, al Instituto Social de la Marina.

b) En el ámbito del Régimen Especial de los Trabajadores por Cuenta Propia o Autónomos, al Servicio Público de Empleo Estatal.

4. El Consejo del Trabajo Autónomo podrá recabar del órgano gestor la información que estime pertinente en relación con el sistema de protección por cese de actividad y proponer al Ministerio de Empleo y Seguridad Social aquellas medidas que se estimen oportunas para el mejor funcionamiento del mismo.

El órgano gestor presentará al Consejo del Trabajo Autónomo un informe anual sobre la evolución del sistema de protección por cese de actividad. El Consejo podrá recabar cuanta información complementaria estime pertinente en relación con dicho sistema.

CAPÍTULO V
Régimen de obligaciones, infracciones y sanciones

ART. 347. Obligaciones de los trabajadores autónomos.

Son obligaciones de los trabajadores autónomos solicitantes y beneficiarios de la protección por cese de actividad:

a) Solicitar a la misma mutua colaboradora con la Seguridad Social a la que se encuentren adheridos la cobertura de la protección por cese de actividad.

b) Cotizar por la aportación correspondiente a la protección por cese de actividad.

c) Proporcionar la documentación e información que resulte necesaria a los efectos del reconocimiento, suspensión, extinción o reanudación de la prestación.

d) Solicitar la baja en la prestación por cese de actividad cuando se produzcan situaciones de suspensión o extinción del derecho o se dejen de reunir los requisitos exigidos para su percepción, en el momento en que se produzcan dichas situaciones.

e) No trabajar por cuenta propia o ajena durante la percepción de la prestación.

f) Reintegrar las prestaciones indebidamente percibidas.

Modificado por Real Decreto-ley 13/2022, de 26 de julio, por el que se establece un nuevo sistema de cotización para los trabajadores por cuenta propia o autónomos y se mejora la protección por cese de actividad. (BOE de 27-07-2022).

ART. 348. Reintegro de prestaciones indebidamente percibidas.

Sin perjuicio de lo dispuesto en el artículo 47.3 del texto refundido de la Ley sobre Infracciones y Sanciones en el Orden Social, aprobado por el Real Decreto Legislativo 5/2000, de 4 de agosto, en el supuesto de que se incumpla lo dispuesto en los artículos 347.1.e), 331.2.b), 335.3 y en el párrafo segundo del artículo 336.a) de esta ley, será aplicable para el reintegro de prestaciones indebidamente percibidas lo establecido en el artículo 55 de esta ley y en el artículo 80 del Reglamento General de Recaudación de la Seguridad Social, aprobado por el Real Decreto 1415/2004, de 11 de junio, correspondiendo al órgano gestor la declaración como indebida de la prestación.

ART. 349. Infracciones.

En materia de infracciones y sanciones se estará a lo dispuesto en esta ley y en el texto refundido de la Ley sobre Infracciones y Sanciones en el Orden Social.

ART. 350. Jurisdicción competente y reclamación previa.

1. Los órganos jurisdiccionales del orden social serán los competentes para conocer de las decisiones del órgano gestor relativas al reconocimiento, suspensión o extinción de las prestaciones por cese de actividad, así como al pago de las mismas. El interesado podrá formular reclamación previa ante el órgano gestor antes de acudir al órgano jurisdiccional del orden social competente. La resolución del órgano gestor habrá de indicar expresamente la posibilidad de presentar reclamación, el órgano ante el que se debe interponer, así como el plazo para su interposición.

2. Cuando se formule reclamación previa contra las resoluciones de las mutuas colaboradoras con la Seguridad Social en materia de prestaciones por cese de actividad, antes de su resolución, emitirá informe vinculante una comisión paritaria en la que estarán representadas las mutuas colaboradoras con la Seguridad Social, las asociaciones representativas de los trabajadores autónomos y la Administración de la Seguridad Social. Actuará como presidente de la comisión el representante de la Administración de la Seguridad Social y como secretario no miembro de la misma una persona al servicio de la mutua competente para resolver. Podrá formar parte de la comisión, como asesor con voz pero sin voto, un Letrado de la Administración de la Seguridad Social integrado en el Servicio Jurídico de la Administración de la Seguridad Social.

La mutua competente para resolver remitirá a la comisión, para que esta se pronuncie al efecto, la propuesta motivada de resolución de la reclamación previa. El secretario levantará acta de cada sesión dejando constancia de los acuerdos adoptados, debiendo realizar, asimismo, las comunicaciones entre la comisión y la mutua competente. Las mutuas deberán prestar el apoyo financiero y administrativo preciso para el funcionamiento de la comisión suscribiendo los convenios que resulten oportunos. Mediante resolución del Secretario de Estado de la Seguridad Social se establecerá la determinación de la composición, organización y demás extremos precisos para el adecuado funcionamiento de dicha comisión, aplicándose, en lo no previsto, lo establecido para el funcionamiento de los órganos colegiados en la Ley 40/2015, de 1 de octubre, de Régimen Jurídico del Sector Público.

El resto de reclamaciones previas serán resueltas por el mismo órgano gestor que emitió la resolución impugnada.

Modificado por Real Decreto-ley 28/2018, de 28 de diciembre, para la revalorización de las pensiones públicas y otras medidas urgentes en materia social, laboral y de empleo. (BOE de 29-12-2018).

(…)

III.
DECRETO 2530/1970, DE 20 DE AGOSTO, POR EL QUE SE REGULA EL RÉGIMEN ESPECIAL DE LA SEGURIDAD SOCIAL DE LOS TRABAJADORES POR CUENTA PROPIA O AUTÓNOMOS

—BOE nº 221, de 15 de septiembre de 1970—

Hay que tener en cuenta que se amplía la acción protectora de cobertura obligatoria del régimen especial de los trabajadores por cuenta propia o autónomos con la inclusión de las prestaciones de asistencia sanitaria para los supuestos de enfermedad común, maternidad y accidente, cualquiera que sea la causa que lo motive, y de incapacidad laboral transitoria, en los mismos términos y condiciones establecidos en el régimen general, según establece el art. único del Real Decreto 43/1984, de 4 de enero.

Ver art. 23 de la Ley 20/2007, de 11 de julio, del Estatuto del trabajo autónomo.

El Decreto mil ciento sesenta y siete/mil novecientos sesenta, de veintitrés de junio («Boletín Oficial del Estado» del veintisiete) extendió los beneficios del Mutualismo Laboral a los trabajadores independientes y autónomos con lo que éstos vinieron a tener protección dentro de los regímenes antecesores del sistema de la Seguridad Social.

La Ley de la Seguridad Social de veintiuno de abril de mil novecientos sesenta y seis («Boletín Oficial del Estado» del veintidós y veintitrés) incluye dentro del campo de aplicación del sistema a los trabajadores por cuenta propia o autónomos, según determina el apartado b) del número uno del artículo séptimo de aquélla, previniendo para los mismos un régimen especial en el apartado c) del número dos de su artículo diez, cuyas normas reguladoras corresponde dictar al Gobierno, a propuesta del Ministro de Trabajo, de acuerdo con lo dispuesto en el número cinco del mismo artículo.

En la regulación de este régimen se ha tendido a lograr la homogeneidad con el régimen general, que han permitido las especiales características del grupo, a las que ha debido atenderse en la estructura de aquél sin desconocer, cuando así ha sido necesario, situaciones preexistentes y considerando en su debida estimación las aspiraciones de los propios órganos de Gobierno de las Entidades mutualistas que han de realizar su gestión.

En su virtud, a propuesta del Ministro de Trabajo y previa deliberación del Consejo de Ministros en su reunión del día veinticuatro de julio de mil novecientos setenta,

DISPONGO:

CAPÍTULO I
Disposición general

ART. 1. Normas reguladoras.

El régimen especial de la Seguridad Social de los trabajadores por cuenta propia o autónomos, previsto en el apartado c) del número dos del artículo diez de la Ley de la Seguridad Social de veintiuno de abril de mil novecientos sesenta y seis («Boletín Oficial del Estado» del veintidós y veintitrés) se regirá, de conformidad con lo establecido en dicha Ley, por el título I de la misma, por el presente Decreto y sus disposiciones de aplicación y desarrollo, así como por las restantes normas generales de obligada observación en el sistema de la Seguridad Social.

CAPÍTULO II
Campo de aplicación

ART. 2. Concepto de trabajador por cuenta propia o autónomo.

Uno. A los efectos de este régimen especial, se entenderá como trabajador por cuenta propia o autónomo aquel que realiza de forma habitual, personal y directa una actividad económica a título lucrativo, sin sujeción por ella a contrato de trabajo y aunque utilice el servicio remunerado de otras personas.

Dos. La habitualidad para los trabajadores que se ocupen en trabajos de temporada quedará referida a la duración normal de ésta.

Tres. Se presumirá, salvo prueba en contrario, que en el interesado concurre la condición de trabajador por cuenta propia o autónomo, a efectos de este Régimen Especial, si el mismo ostenta la titularidad de un establecimiento abierto al público como propietario, arrendatario, usufructuario u otro concepto análogo.

Ver art. 1 de la Ley 20/2007, de 11 de julio, del Estatuto del trabajo autónomo.

ART. 3. Sujetos incluidos.

Estarán obligatoriamente incluidos en este Régimen Especial de la Seguridad Social los españoles mayores de dieciocho años, cualquiera que sea su sexo y su estado civil, que residen y ejerzan normalmente su actividad en el territorio nacional y se hallen incluidos en alguno de los apartados siguientes:

a) Los trabajadores por cuenta propia o autónomos, sean o no titulares de Empresas individuales o familiares.

b) El cónyuge y los parientes por consanguinidad o afinidad hasta el tercer grado inclusive de los trabajadores determinados en el número anterior que, de forma habitual, personal y directa, colaboren con ellos mediante la realización de trabajos en la actividad de que se trate, siempre que no tengan la condición de asalariados respecto a aquéllos.

c) Los socios de las Compañías regulares colectivas y los socios colectivos de las Compañías comanditarias que trabajan en el negocio con tal carácter, a título lucrativo y de forma habitual, personal y directa.

No obstante lo dispuesto en los números anteriores, la inclusión obligatoria en el Régimen Especial de trabajadores por cuenta propia o autónomos de aquellos trabajadores de esta naturaleza que para el ejercicio de su actividad profesional necesiten, como requisito previo, integrarse en un Colegio o Asociación Profesional se llevará a cabo a solicitud de los Órganos superiores de representación de dichas Entidades y mediante Orden ministerial.

Ver art. 1 de la Ley 20/2007, de 11 de julio, del Estatuto del trabajo autónomo.

ART. 4. Súbditos de otros países.

Uno. De conformidad con lo dispuesto en la Ley ciento dieciocho/mil novecientos sesenta y nueve, de treinta de diciembre («Boletín Oficial del Estado» del día treinta y uno), los trabajadores hispanoamericanos, portugueses, brasileños, andorranos y filipinos que residan y se encuentren legalmente en territorio español se equipararán a los españoles a efectos de su inclusión en este régimen especial de la Seguridad Social.

Dos. Respecto a los súbditos de otros países se estará a lo dispuesto en el número cuatro del artículo séptimo de la Ley de la Seguridad Social y demás normas de aplicación en la materia.

ART. 5. Exclusiones.

Estarán excluidos de este régimen especial los trabajadores por cuenta propia o autónomos cuya actividad como tales dé lugar a su inclusión en otros regímenes de la Seguridad Social.

Ver art. 2 de la Ley 20/2007, de 11 de julio, del Estatuto del trabajo autónomo.

CAPÍTULO III
Afiliación, altas y bajas

ARTS. 6. A 10
(DEROGADOS)

Derogados por Real Decreto 84/1996, de 26 de enero, por el que se aprueba el Reglamento General sobre inscripción de empresas y afiliación, altas, bajas y variaciones de datos de trabajadores en la Seguridad Social. (BOE de 27-02-1996).

CAPÍTULO IV
Cotización y recaudación

ARTS. 11 A 26
(DEROGADOS)

Derogados por Real Decreto 84/1996, de 26 de enero, por el que se aprueba el Reglamento General sobre inscripción de empresas y afiliación, altas, bajas y variaciones de datos de trabajadores en la Seguridad Social. (BOE de 27-02-1996).

CAPÍTULO V
Acción protectora

Sección 1.ª Disposiciones generales

ART. 27. Alcance de la acción protectora.

Uno. La acción protectora de este Régimen Especial comprenderá:

a) Prestaciones por invalidez en los grados de incapacidad permanente total para la profesión habitual, incapacidad permanente absoluta para todo trabajo y gran invalidez.

b) Prestación económica por vejez.

c) Prestaciones económicas por muerte y supervivencia.

d) Prestaciones económicas de protección a la familia.

e) *(Suprimida)*

f) Asistencia sanitaria a pensionistas.

g) Beneficios de asistencia social.

h) Servicios sociales en atención a contingencias y situaciones especiales.

Dos. Los requisitos del derecho a las prestaciones y demás beneficios, así como su alcance y cuantía, serán los que se determinan en el presente Decreto y se dispongan en sus normas de aplicación y desarrollo.

Tres. *(Derogado)*

ART. 28. Condiciones del derecho a las prestaciones.

Uno. Las personas incluídas en el campo de aplicación de este régimen especial causarán derecho a las prestaciones del mismo cuando, sin perjuicio de las particulares exigidas para una de éstas, reúnan la condición general de estar afiliadas y en alta en este régimen o en situaciones asimiladas a alta en la fecha en que se entienda causada la prestación.

Dos. Es asimismo condición indispensable para tener derecho a las prestaciones a que se refieren los apartados a) a e) del número uno del artículo anterior, con excepción del subsidio de defunción, que las personas incluídas en el campo de aplicación de este régimen se hallen al corriente en el pago de sus cuotas exigibles en la fecha en que se entienda causada la correspondiente prestación. No obstante, si cubierto el período mínimo de cotización preciso para tener derecho a la prestación de que se trate se solicitara ésta y la persona incluída en el campo de aplicación de este régimen especial no estuviera al corriente en el pago de las restantes cuotas exigibles en la fecha en que se entienda causada la prestación la Entidad gestora invitará al interesado para que en el plazo improrrogable de treinta días naturales a partir de la invitación ingrese las cuotas debidas.

Si el interesado, atendiendo la invitación, ingresase las cuotas adeudadas dentro del plazo señalado en el párrafo anterior, se le considerará al corriente en las mismas a efectos de la prestación solicitada. Si el ingreso se realizase fuera de dicho plazo, se concederá la prestación menos un veinte por ciento, si se trata de prestaciones de pago único y subsidios temporales; si se trata de pensiones, se concederán las mismas con efectos a partir del día primero del mes siguiente a aquel en que tuvo lugar el ingreso de las cuotas adeudadas.

Tres. No producirán efectos para las prestaciones:

a) *(Derogada)*

b) Las diferencias en las bases de cotización resultantes de aplicar una base superior a la que corresponda a la persona de que se trate, por el período a que se refieran.

c) Las cotizaciones que por cualquier otra causa hubiesen sido ingresadas indebidamente, en su importe y períodos correspondientes.

ART. 29. Situaciones asimiladas a la de alta.

Uno. Los trabajadores que causen baja en este régimen especial quedarán en situación asimilada a la de alta durante los noventa días naturales siguientes al último día del mes de su baja, a efectos de poder causar derecho a las prestaciones y obtener otros beneficios de la acción protectora.

Dos. Los casos de incorporación a filas para el cumplimiento del Servicio Militar, convenio especial con la Entidad gestora y los demás expresamente declarados análogos por el Ministerio de Trabajo podrán ser asimilados a la situación de alta con el alcance y condiciones que reglamentariamente se establezcan.

ART. 30. Períodos mínimos de cotización.

Uno. Los períodos mínimos de cotización que habrán de tener cumplidos las personas incluidas en el campo de aplicación de este régimen especial para causar las distintas prestaciones serán los siguientes:

a) Prestaciones por invalidez y por muerte y supervivencia: Sesenta meses de cotización dentro de los diez años inmediatamente anteriores a la fecha en que se entienda causada la prestación.

No será exigido período mínimo de cotización para el subsidio de defunción en todo caso ni para las restantes prestaciones de muerte y supervivencia derivadas del fallecimiento de pensionistas de vejez o invalidez.

b) Prestación por vejez: Ciento veinte meses de cotización, de los cuales al menos veinticuatro deberán estar comprendidos dentro de los siete años inmediatamente anteriores a la fecha en que se entienda causada la prestación.

c) *(Derogada)*

d) *(Suprimida)*

Dos. Los períodos de cotización que se determinen en el número anterior para causar derecho a las distintas prestaciones serán objeto de aplicación progresiva para los sectores profesionales que, con posterioridad a uno de octubre de mil novecientos setenta, se declaren obligatoriamente comprendidos en el campo de aplicación de este régimen especial o cuya integración en el mismo se disponga en la forma prevista en el número cuatro del artículo tercero del presente Decreto. A tal efecto será necesario para tener derecho a dichas prestaciones haber cubierto un período de cotización equivalente a la mitad de los meses transcurridos entre la fecha de la incorporación a este régimen especial de los sectores profesionales correspondientes y aquella en que se entienda causada le prestación, con los siguientes períodos mínimos, que se exigirán en todo caso para cada una de las prestaciones que se señalan:

a) Prestaciones por invalidez y por muerte y supervivencia: Un período mínimo de cotización de treinta meses.

b) Prestaciones por vejez: Un período mínimo de cotización de sesenta meses.

c) Prestación de protección a la familia: Un período mínimo de cotización de seis meses.

d) *(Suprimida)*

Los períodos de cotización que procedan para tener derecho a las prestaciones, conforme a las normas del presente número, se computarán con carácter general para todos los trabajadores comprendidos en el sector profesional de que se trate, dada la fecha de incorporación del sector y con independencia de la fecha posterior a aquella en la que puedan iniciar sus actividades profesionales algunos de los trabajadores comprendidos en el mismo.

El período de cotización que proceda, de acuerdo con lo establecido en el presente número, habrá de estar cubierto exclusivamente con cotizaciones efectuadas en este régimen especial a partir de la fecha de incorporación del sector profesional de que se trate; cuando hayan de computarse cotizaciones llevadas a cabo en otros regímenes de la Seguridad Social, en virtud de las normas establecidas a tal efecto, o las realizadas con anterioridad en este régimen especial, en razón a otra actividad profesional ejercida por el interesado, serán de aplicación los períodos de cotización exigidos con carácter general.

Las normas establecidas en el presente número se aplicarán, para cada una de las clases de prestaciones que en el mismo se mencionan, hasta el momento en que el período de cotización resultante conforme a dichas normas llegue a ser igual al determinado en el número anterior para la clase de prestaciones de que se trate.

Tres. A efectos de lo dispuesto en los números anteriores sólo serán computables las cotizaciones realizadas antes del día primero del mes en que se cause la prestación, por las mensualidades transcurridas hasta esa fecha y las correspondientes a dicho mes que se ingresen dentro de plazo.

Igual norma se aplicará a efectos de otros beneficios cuya concesión requiera el cumplimiento de un período mínimo de cotización.

ART. 31. Base reguladora.

Uno. Para las prestaciones cuya cuantía venga determinada en función de una base reguladora, ésta se calculará de la siguiente forma:

a) Para la pensión por vejez será el cociente que resulta de dividir por ciento veinte la suma de las bases de cotización del trabajador durante los diez años inmediatamente anteriores a la fecha en que se entienda causada la prestación.

b) Para cada una de las restantes prestaciones será el cociente que resulte de dividir por el número de los meses exigidos como período mínimo de cotización para la respectiva prestación en el número uno del artículo treinta la suma de las bases de cotización del trabajador durante un período ininterrumpido de igual número de meses naturales, aunque dentro del mismo existan lapsos en los que no haya habido obligación de cotizar. Este último período será elegido por el interesado dentro de los diez años inmediatamente anteriores a la fecha en que se entienda causada la prestación.

Sin embargo, tratándose de prestaciones por muerte y supervivencia causadas por el fallecimiento de pensionistas de vejez o invalidez de este régimen, cuya cuantía venga determinada en función de la base reguladora, ésta será el importe de la pensión que el causante disfrutaba al fallecer, sin que se compute a estos efectos el incremento del cincuenta por ciento de la pensión que se concede a los grandes inválidos con destino a remunerar a la persona que le atienda.

Dos. No se computarán en el período que haya de tenerse en cuenta para el cálculo aquellas bases de cotización relativas a cuotas que, aun habiendo sido ingresadas dentro del mismo, correspondan a meses distintos de los comprendidos en él.

ART. 32. Prescripción y caducidad.

Uno. Sin perjuicio de lo determinado en el número uno del artículo cuarenta y cinco de este Decreto para la pensión de vejez, en materia de prescripción del derecho al reconocimiento de las prestaciones, se estará a lo dispuesto en el artículo cincuenta y cuatro de la Ley de la Seguridad Social.

Dos. En cuanto a la caducidad del derecho al percibo de prestaciones, se estará a lo establecido en el artículo cincuenta y cinco de la Ley de la Seguridad Social.

ART. 33. Caracteres de las prestaciones.

Uno. De acuerdo con lo establecido en el artículo veintidós de la Ley de la Seguridad Social, las prestaciones otorgadas por este régimen especial no podrán ser objeto de cesión total o parcial, embargo, retención, compensación o descuento, salvo en los dos casos siguientes:

a) En orden al cumplimiento de las obligaciones alimenticias a favor del cónyuge e hijos.

b) Cuando se trate de obligaciones o responsabilidades contraídas por el beneficiario dentro de la Seguridad Social.

Dos. De conformidad con el citado artículo, las percepciones derivadas de la acción protectora de este régimen especial están exentas de toda contribución, impuesto, tasa o exacción parafiscal.

Tres. Tampoco podrá ser exigida ninguna tasa fiscal o parafiscal ni derecho de ninguna clase en cuantas informaciones o certificaciones hayan de facilitar las Entidades Gestoras y Organismos administrativos o judiciales o de cualquier otra clase en relación con dichas prestaciones.

ART. 34. Incompatibilidades.

Las pensiones que concede este régimen especial a sus beneficiarios serán incompatibles entre sí, a no ser que expresamente se disponga lo contrario. Quien pudiera tener derecho a dos o más pensiones, optará por una de ellas.

III

ART. 35. Cómputo de períodos de cotización a distintos regímenes de la Seguridad Social.

Uno. Cuando un trabajador tenga acreditados, sucesiva o alternativamente, períodos de cotización en el régimen general de la Seguridad Social o en los regímenes especiales Agrario, de Trabajadores Ferroviarios, de la Minería del Carbón, del Servicio Doméstico, de los Trabajadores del Mar de los Artistas y en el que regula el presente Decreto, dichos períodos o los que sean asimilados a ellos que hubieran sido cumplidos en virtud de las normas que los regulen serán totalizados, siempre que no se superpongan para la adquisición, mantenimiento o recuperación del derecho a la prestación.

Dos. En consecuencia, las pensiones de invalidez, vejez, muerte y supervivencia a que los acogidos a alguno de dichos regímenes puedan tener derecho en virtud de las normas que los regulan serán reconocidas según sus propias normas, por la Entidad gestora del régimen donde el trabajador estuviese cotizando al tiempo de solicitar la prestación, teniendo en cuenta la totalización de períodos a que se refiere el número anterior y con las salvedades siguientes:

a) Para que el trabajador cause derecho a la pensión en el régimen a que se estuviese cotizando en el momento de solicitar la prestación, será inexcusable que reúna los requisitos de edad, períodos de carencia y cualesquiera otros que en el mismo se exijan, computando a tal efecto solamente las cotizaciones efectuadas en dicho régimen.

b) Cuando el trabajador no reuniese tales requisitos en el régimen a que se refiere el apartado anterior, causará derecho a la pensión en el que se hubiese cotizado anteriormente siempre que en el mismo reúna los requisitos a que se refiere el apartado a). Igual norma se aplicará, en su caso, respecto de los restantes regímenes.

c) Cuando el trabajador no hubiese reunido en ninguno de los regímenes, computadas separadamente las cotizaciones a ellos efectuadas, los períodos de carencia precisos para causar derecho a la pensión, podrán sumarse a tal efecto las cotizaciones efectuadas a todos. En tal caso, la pensión se otorgará por el régimen en que tenga acreditado mayor número de cotizaciones.

Tres. Sobre la base de la cuantía resultante con arreglo a las normas anteriores la Entidad gestora del régimen que reconozca la pensión distribuirá su importe con las de los otros regímenes de la Seguridad Social, a prorrata por la duración de los períodos cotizados en cada uno de ellos. Si la cuantía de la pensión a la que el trabajador pueda tener derecho por los períodos computables en virtud de las normas de uno solo de los regímenes de la Seguridad Social fuese superior al total de la que resultase a su favor, por aplicación de los números anteriores de este artículo, la Entidad gestora de dicho régimen le concederá un complemento igual a la diferencia.

Cuatro. La totalización de períodos de cotización, prevista en el número uno del presente artículo, se llevará a cabo para cubrir los períodos de carencia que se exijan para prestaciones distintas de las especificadas en el número dos del mismo otorgándose, en tal caso, dichas prestaciones por el régimen en que se encuentre en alta el trabajador en el momento de producirse el hecho causante y siempre que tuviera derecho a ellas de acuerdo con las normas propias de dicho régimen.

Cinco. Cuanto se dispone en los números anteriores del presente artículo quedará referido a las prestaciones comunes que comprendan los regímenes de cuyo reconocimiento recíproco de cotizaciones se trate.

Sección 2.ª Prestaciones por invalidez

ART. 36. Situación protegida y conceptos.

Uno. Estará protegida por este régimen especial de la Seguridad Social la situación de invalidez permanente, cualquiera que fuera su causa, en sus grados de incapacidad permanente total para la profesión habitual, incapacidad permanente absoluta para todo trabajo y gran invalidez.

Dos. Los conceptos de incapacidad permanente total para la profesión habitual, incapacidad permanente absoluta para todo trabajo y gran invalidez, serán los que se determinan para el régimen general de la Seguridad Social.

No obstante, se entenderá por profesión habitual la actividad inmediata y anterior desempeñada por el interesado y por la que estaba en alta en este régimen al producirse la incapacidad permanente protegida por el mismo.

ART. 37. Beneficiarios.

Serán beneficiarios de las prestaciones por invalidez las personas incluídas en el campo de aplicación de este régimen especial, declaradas en la situación de invalidez protegida por dicho régimen, que cumplan las condiciones generales exigidas en el artículo veintiocho de este Decreto y el período mínimo de cotización establecido en el artículo treinta del mismo.

Tratándose de invalidez por incapacidad permanente total para la profesión habitual y por la que se refiere exclusivamente a las prestaciones económicas se requerirá además que el trabajador tenga cumplidos cuarenta y cinco años de edad en la fecha en que se entienda causada la prestación.

ART. 38. Prestaciones económicas.

Uno. En el caso de invalidez en el grado de incapacidad permanente total para la profesión habitual, el beneficiario tendrá derecho a la entrega de una cantidad a tanto alzado equivalente a cuarenta mensualidades de la base reguladora, calculada ésta de conformidad con lo establecido en el artículo treinta y uno, o a una pensión vitalicia equivalente al cincuenta y cinco por ciento de dicha base reguladora.

Los supuestos en que proceden dichas prestaciones serán los mismos que en el régimen general de la Seguridad Social, sin perjuicio de tener en cuenta a tal efecto el requisito de edad exigido en el párrafo segundo del artículo anterior.

La pensión de incapacidad permanente total para la profesión habitual se incrementará en un 20 por ciento de la base reguladora que se tenga en cuenta para determinar la cuantía de la pensión, cuando se acrediten los siguientes requisitos:

a) Que el pensionista tenga una edad igual o superior a los 55 años. En los casos en los que el reconocimiento inicial de la pensión de incapacidad permanente se efectúe a una edad inferior a la señalada, el incremento del 20 por ciento se aplicará desde el día 1.o del mes siguiente a aquel en que el trabajador cumpla los 55 años de edad, siempre que a dicha fecha se reúnan los requisitos establecidos en los párrafos siguientes.

En los supuestos en que el derecho al incremento del 20 por ciento nazca en un año natural posterior a aquel en que se produjo el reconocimiento inicial de la pensión de incapacidad permanente total para la profesión habitual, a ésta, incrementada con el mencionado 20 por ciento, se le aplicarán las revalorizaciones que, para las pensiones de la misma naturaleza, hubiesen tenido lugar desde la expresada fecha.

b) Que el pensionista no ejerza una actividad retribuida por cuenta ajena o por cuenta propia que dé lugar a su inclusión en cualquiera de los regímenes de la Seguridad Social. El incremento de la pensión quedará en suspenso durante el período en que el trabajador obtenga un empleo o efectúe una actividad lucrativa por cuenta propia que sea compatible con la pensión de incapacidad permanente total que viniese percibiendo.

c) Que el pensionista no ostente la titularidad de un establecimiento mercantil o industrial ni de una explotación agraria o marítimo-pesquera como propietario, arrendatario, usufructuario u otro concepto análogo.

Dos. En los casos de invalidez en el grado de incapacidad permanente absoluta para todo trabajo y de gran invalidez, el beneficiario tendrá derecho a una pensión vitalicia, determinada según los mismos porcentajes establecidos en el régimen general de la Seguridad Social y sobre la base reguladora calculada de conformidad con lo dispuesto en el artículo treinta y uno de este Decreto.

ART. 39. Prestaciones recuperadoras.

En las situaciones de invalidez protegidas por este régimen especial, los beneficiarios tendrán derecho a las prestaciones recuperadoras en los mismos supuestos, términos y con el alcance determinado para éstas en el régimen general de la Seguridad Social.

ART. 40. Declaración.

La declaración de las situaciones de invalidez, la resolución sobre las peticiones de revisión de incapacidades y cuantas cuestiones sean de su competencia en la materia corresponderán, en vía administrativa, a las comisiones técnicas calificadoras.

ART. 41. Revisiones.

Uno. Las declaraciones de incapacidad serán revisables en todo tiempo, en tanto que el incapacitado no haya cumplido la edad establecida para la pensión de vejez por alguna de las causas siguientes:

a) Agravación o mejoría.

b) Error de diagnóstico.

Dos. La revisión podrá ser solicitada por el beneficiario, por la Entidad gestora o por la Inspección de Trabajo.

Tres. Los plazos para solicitar la revisión serán los determinados en el Régimen General de la Seguridad Social, cuyas normas en materia de consecuencias de la revisión se aplicarán también en este régimen especial referidas a los grados de incapacidad protegidos por el mismo y a sus prestaciones correspondientes.

Sección 3.ª Prestación por vejez

ART. 42. Concepto.

La prestacíón económica por causa de vejez será única para cada pensionista, consistirá en una pensión vitalicia y se concederá a las personas incluidas en el campo de aplicación de este régimen especial en las condiciones, cuantía y forma que se determinan en este Decreto y se disponga en las normas para su aplicación y desarrollo, cuando a causa de su edad cesen en el trabajo.

ART. 43. Beneficiarios.

Serán beneficiarios de la pensión de vejez las personas incluidas en el campo de aplicación de este régimen especial que, en la fecha en que se entienda causada la prestación, tengan cumplida la edad de sesenta y cinco años, reúnan las condiciones generales exigidas en el artículo veintiocho de este Decreto y cumplido el período mínimo de cotización establecido en el artículo treinta del mismo.

ART. 44. Cuantía de la pensión.

(DEROGADO)

> *Derogado por Real Decreto 453/2022, de 14 de junio, por el que se regula la determinación del hecho causante y los efectos económicos de la pensión de jubilación en su modalidad contributiva y de la prestación económica de ingreso mínimo vital, y se modifican diversos reglamentos del sistema de la Seguridad Social que regulan distintos ámbitos de la gestión. (BOE de 15/06/2022).*

ART. 45. Imprescriptibilidad e incompatibilidad.

Uno. (Derogado).

Dos. El disfrute de la pensión de vejez será incompatible con el trabajo del pensionista, con las salvedades y en los términos que reglamentariamente se determinen.

> *Apdo. 1 derogado por Real Decreto 453/2022, de 14 de junio, por el que se regula la determinación del hecho causante y los efectos económicos de la pensión de jubilación en su modalidad contributiva y de la prestación económica de ingreso mínimo vital, y se modifican diversos reglamentos del sistema de la Seguridad Social que regulan distintos ámbitos de la gestión. (BOE de 15/06/2022).*

Sección 4.ª Prestación por muerte y supervivencia

ART. 46. Prestaciones.

En caso de muerte, cualquiera que fuera su causa, se otorgarán, según los supuestos, alguna o algunas de las prestaciones siguientes:

a) Subsidio de defunción.

b) Pensión vitalicia de viudedad.

c) Pensión de orfandad.

d) Pensión vitalicia o, en su caso, subsidio temporal en favor de familiares.

ART. 47. Sujetos causantes.

Causarán derecho a las prestaciones enumeradas en el artículo anterior las personas incluidas en el campo de aplicación de este régimen especial que cumplan las condiciones generales exigidas en el artículo veintiocho de este Decreto y el período mínimo de cotización establecido en el artículo treinta del mismo, así como los pensionistas de vejez e invalidez.

ART. 48. Subsidio de defunción, pensión de orfandad y pensión o subsidio temporal en favor de familiares.

Las prestaciones de subsidio de defunción, pensión de orfandad y pensión o subsidio temporal en favor de familiares se regirán por las normas que, respectivamente, las regulan en el régimen general de la Seguridad Social, sin perjuicio de lo que se dispone en este Decreto y se establezca en sus normas de aplicación y desarrollo.

ART. 49. Beneficiarios de la pensión de viudedad.

Tendrán derecho a la pensión de viudedad con carácter vitalicio, salvo que se produzca alguna de las causas de extinción que se establezcan reglamentariamente:

a) La viuda, cuando al fallecimiento de su cónyuge causante hubiese convivido habitualmente con éste o, en caso de separación judicial, que la sentencia firme la reconociese como inocente u obligase al marido a prestarle alimentos.

b) El viudo, únicamente en el caso de que, además de cumplirse el requisito señalado en el apartado anterior, se encuentre al tiempo de fallecer su esposa incapacitado para el trabajo con carácter permanente y absoluto que le inhabilite por completo para toda profesión u oficio, y sostenido económicamente por aquélla.

ART. 50. Cuantía de la pensión de viudedad.

La cuantía de la pensión vitalicia de viudedad será equivalente al cincuenta por ciento de la base reguladora del causante, determinada ésta de conformidad con lo establecido en el artículo treinta y uno.

Si el causante fuera pensionista de vejez o invalidez y, por tanto, según lo dispuesto en el artículo treinta y uno, la base reguladora fuese el importe de la pensión correspondiente a tales situaciones, el porcentaje de la viudedad será el del sesenta por ciento, sin que la cuantía de la pensión así resultante pueda ser superior a la que correspondería de no ser pensionista el causante.

ART. 51. Compatibilidad de la pensión de viudedad.

La pensión de viudedad será compatible con cualquier renta de trabajo de la viuda o can la pensión de vejez o invalidez a que la misma pueda tener derecho.

Sección 5.ª Prestaciones de protección a la familia

ARTS. 52 A 56

(DEROGADOS)

Derogados por Real Decreto 356/1991, de 15 de marzo, por el que se desarrolla, en materia de prestaciones por hijo a cargo, la Ley 26/1990, de 20 de diciembre, por la que se establecen en la Seguridad Social prestaciones no contributivas. (BOE de 21-03-1991).

Sección 6.ª Ayuda económica con ocasión de intervención quirúrgica

(Téngase en cuenta que se suprime la ayuda económica con ocasión de intervención quirúrgica)

ARTS. 57 A 60

(DEROGADOS)

Derogados por Real Decreto 43/1984, de 4 de enero, sobre ampliación de la acción protectora de cobertura obligatoria en el Régimen Especial de la Seguridad Social de los Trabajadores por Cuenta Propia o Autónomos. (BOE de 11-01-1984).

Sección 7.ª Asistencia sanitaria a pensionistas

ART. 61. Objeto.

La asistencia sanitaria a los pensionistas de este régimen especial tiene por objeto la prestación de los servicios médicos y farmacéuticos conducentes a conservar o restablecer la salud de los beneficiarios de la misma.

III

ART. 62. Beneficiarios.

Serán beneficiarlos de esta prestación:
a) Los pensionistas de este régimen especial como titulares.
b) Sus familiares y asimilados en quienes concurran el parentesco o asimilación y demás condiciones exigidas, a igual efecto, por el régimen general de la Seguridad Social.

ART. 63. Contenido de la prestación.

La asistencia sanitaria será prestada con igual amplitud que en el Régimen General de la Seguridad Social se otorgue a los pensionistas y sus familiares o asimilados.

Sección 8.ª Asistencia social

ART. 64. Concepto.

Este régimen especial, con cargo a los fondos que a tal efecto se determinen, podrá dispensar a las personas incluídas en su campo de aplicación y a los familiares o asimilados que de ellos dependan los auxilios económicos que en atención a estados y situaciones de necesidad se consideren precisos, previa demostración, salvo en casos de urgencia, de que el interesado carece de los recursos indispensables para hacer frente a tales estados y situaciones.

ART. 65. Condiciones para ser beneficiario, contenido y fondo de la asistencia social.

En las disposiciones de aplicación y desarrollo del presente Decreto se determinarán las condiciones para ser beneficiarlo de la asistencia social, el contenido de la misma y el fondo con cargo al cual ha de dispensarse.

Sección 9.ª Servicios sociales

ART. 66. Disposición general.

La prestación de los servicios sociales se llevará a cabo mediante la debida coordinación con los del régimen general, colaborando en la forma que se determine en la ejecución de los programas generales relativos a dichos servicios.

CAPÍTULO VI
Gestión

ART. 67. Entidades gestoras.

Uno. (Derogado)
Dos. A cada una de las Mutualidades Laborales a que se refiere el número anterior se incorporarán, respectivamente, los trabajadores por cuenta propia o autónomos cuya actividad esté encuadrada en los grupos integrados en los Sindicatos que se determinen por el Ministerio de Trabajo.
Tres. Las referidas Mutualidades podrán ser integradas en el campo de actividad de la Caja de Compensación y Reaseguro de la Mutualidades Laborales, en el tiempo y bajo las condiciones que se determinen por el Ministerio de Trabajo.

ART. 68. Naturaleza, capacidad, beneficios y exenciones.

Uno. Las Mutualidades Laborales de Trabajadores Autónomos de Servicios, de la Industria y de las Actividades Directas para el Consuno tendrán la naturaleza de Corporaciones de interés público, con plena capacidad jurídica y patrimonial para el cumplimiento de sus fines de acuerdo, respectivamente, con lo establecido en el número dos del artículo treinta y nueve y en el número dos del artículo treinta y ocho de la Ley de la Seguridad Social.
Dos. De conformidad con lo preceptuado en el número uno del artículo treinta y ocho de la Ley de la Seguridad Social, dichas Mutualidades se considerarán incluídas en el apartado c) del artículo quinto de la Ley de veintiséis de diciembre de mil novecientos cincuenta y ocho.
Tres. De acuerdo con lo dispuesto en el número dos del citado artículo treinta y ocho, las expresadas Mutualidades de Trabajadores Autónomos gozarán del beneficio de pobreza

a efectos jurisdiccionales y disfrutarán, en la misma medida que el Estado, de exención tributaria absoluta, incluídas las tasas y exacciones parafiscales que puedan gravar en favor del Estado y Corporaciones Locales y demás entes públicos los actos que realicen o los bienes que adquieran o posean afectos a sus fines, siempre que los tributos o exacciones de que se trate recaigan directamente sobre las Mutualidades en concento legal de contribuyente y sin que sea posible legalmente la traslación de la carga tributaria a otras personas: gozarán, finalmente, en la misma medida que el Estado de franquicia postal y de especial tasa telegráfica.

ART. 69. Órganos de gobierno.

Uno. Los Órganos colegiados de gobierno de las Mutualidades Labores de Trabajadores Autónomos de Servicios de la Industria y de las Actividades Directas para el Consumo serán, en cada una de ellas, los siguientes:

La Asamblea General, la Junta Rectora, la Comisión Delegada de la Junta Rectora y las Comisiones Provinciales.

Su competencia y funciones serán las que reglamentariamente se determinen.

Dos. De conformidad con lo dispuesto en el artículo cuarenta y uno de la Ley de la Seguridad Social, los Organos de gobierno estarán formados por vocales electivos, natos y de libre designación, conforme a las normas y en la proporción que apruebe el Ministerio de Trabajo, previo informe de la Organización Sindical. En todo caso, los vocales electivos constituirán mayoría.

ART. 70. Competencia de las Entidades gestoras.

La gestión de todas las contingencias y situaciones que constituyen la acción protectora de este régimen especial de la Seguridad Social será asumida por las Mutualidades Laborales de Trabajadores Autónomos de Servicios, de la Industria y de las Actividades Directas para el Consumo, sin perjuicio de que éstas puedan establecer los conciertos previstos por la Ley de la Seguridad Social.

En todo caso, la prestación de asistencia sanitaria a los pensionistas se concertará con el Instituto Nacional de Previsión.

CAPÍTULO VII
Régimen económico-administrativo

ART. 71. Disposición general.

A efectos del régimen económico-administrativo de este régimen especial, se estará a lo dispuesto en el artículo cuarenta y tres de la Ley de la Seguridad Social, y a lo establecido por el Decreto tres mil trescientos treinta y seis/mil novecientos sesenta y ocho, de veintiséis de diciembre («Boletín Oficial del Estado» del día veintisiete de enero de mil novecientos sesenta y nueve), por el que se regula el procedimiento con arreglo al cual habrán de llevarse, intervenirse y rendirse las cuentas y balances de la Seguridad Social.

CAPÍTULO VIII
Régimen económico-financiero

ART. 72. Sistema financiero.

Uno. El sistema financiero de este Régimen Especial será de reparto y su cuota se revisará periódicamente para mantener la necesaria adecuación entre los recursos y las obligaciones del mismo. Los períodos de reparto coincidirán con los del régimen general de la Seguridad Social.

Dos. Para garantizar la estabilidad financiera durante el período de vigencia del tipo de cotización, se constituirán los correspondientes fondos de nivelación, con cargo a los resultados económicos de cada ejercicio, mediante la acumulación financiera de las diferencias anuales entre la cuota media y la natural prevista.

Asimismo, con cargo a dichos resultados y una vez atendidos los fondos de nivelación, se constituirán fondos de garantía para suplir posibles déficit de cotización o excesos anormales de siniestralidad.

ART. 73. Asignación a las Entidades gestoras.

Para el cumplimiento de los fines de la Seguridad Social, cuya gestión le está encomendada, se asignan a cada Entidad gestora de este régimen especial los siguientes medios económicos, de conformidad con lo dispuesto en el artículo cuarenta y nueve de la Ley de la Seguridad Social:

a) Los bienes, derechos y acciones de que disponga cada una de ellas al entrar en vigor este régimen especial.

b) Los que obtengan como consecuencia de las cotizaciones o de recursos de cualquier género que se les atribuya en virtud del presente Decreto y disposiciones complementarias.

c) Los que en el futuro puedan asignárseles en virtud de disposiciones especiales.

ART. 74. Recursos para la financiación.

Los recursos económicos para la financiación de este régimen especial de la Seguridad Social y su asignación a las Entidades gestoras del mismo, serán los siguientes:

a) Las cotizaciones de las personas obligadas que se encuentren encuadradas en sus respectivos ámbitos.

b) Los frutos, rentas e intereses y cualquier otro producto de sus respectivos recursos patrimoniales.

c) Las donaciones, legados, subvenciones o cualesquiera otros ingresos que se otorguen a cada una de ellas.

ART. 75. Inversiones y créditos laborales.

Uno. En materia de inversiones, se estará a lo dispuesto en el artículo cincuenta y tres de la Ley de la Seguridad Social.

Dos. A efectos de inversiones, y de conformidad con lo establecido en el número uno del citado artículo, entre las finalidades de carácter social quedará incluída, en todo caso, la concesión por las Mutualidades Laborales gestoras de este régimen especial, de créditos laborales a los trabajadores comprendidos en las mismas.

La concesión de los créditos laborales se regirá por lo que a tal efecto se disponga en las normas de aplicación y desarrollo del presente Decreto.

CAPÍTULO IX
Faltas y sanciones

ART. 76. Disposición general.

En materia de faltas y sanciones, se estará a lo dispuesto para el régimen general de la Seguridad Social, sin perjuicio de las adaptaciones que reglamentariamente pudieran realizarse en atención a las características de este régimen especial.

DISPOSICIONES ADICIONALES

D.A. UNICA.

De conformidad con lo dispuesto en el artículo catorce y en el número uno del artículo setenta y dos de este Decreto, para el primer período de reparto, que comprenderá desde la fecha de efectos de este régimen especial, hasta el treinta y uno de diciembre de mil novecientos setenta y uno, el tipo único de cotización para todo el ámbito de cobertura de dicho régimen será del catorce por ciento.

DISPOSICIONES FINALES

D.F. 1.ª

Uno. En aplicación de lo previsto en el número tres de la disposición final primera de la Ley de la Seguridad Social, de veintiuno de abril de mil novecientos sesenta y seis, este Régimen Especial tendrá efectos a partir del día primero de octubre de mil novecientos setenta.

Dos. De conformidad con lo establecido en el artículo cuarto de la Ley de la Seguridad Social, se faculta al Ministerio de Trabajo para dictar las disposiciones necesarias para la aplicación y desarrollo del presente Decreto.

D.F. 2.ª

Quedan derogados los Decretos mil ciento sesenta y siete/mil novecientos sesenta, de veintitrés de junio («Boletín Oficial del Estado» del veintisiete), mil setecientos treinta y uno/ mil novecientos sesenta y uno, de seis de septiembre («Boletín Oficial del Estado» del veintidós), y cuantas disposiciones se opongan a lo dispuesto en el presente Decreto, a partir de la fecha de efectos del régimen especial que el mismo regula.

DISPOSICIONES TRANSITORIAS

D.T. 1.ª

Uno. Las responsabilidades subsidiarias establecidas para las compañías en el número dos del artículo nueve y en el número dos del artículo doce de este Decreto serán de aplicación a las Cooperativas con respecto a sus socios.

Dos. (Derogado).

D.T. 2.ª

Uno. Quienes, de acuerdo con lo dispuesto en el artículo once de los anteriores Estatutos de las Mutualidades Laborales de Trabajadores Autónomos, tuvieran la condición de mutualistas, la conservarán y seguirán regiéndose a todos los efectos, por los citados Estatutos, sin alteración de los derechos y obligaciones dimanantes de su respectivo contrato.

Dos. Quienes en la fecha de efectos iniciales de este régimen especial reúnan las condiciones determinantes de su inclusión en el campo de aplicación del mismo y tuviesen vigente en tal momento contrato del artículo veintiuno del Reglamento General del Mutualismo Laboral o convenio especial con alguna de las Mutualidades Laborales de Trabajadores por cuenta ajena que hubiese sido suscrito al amparo del derecho de opción que otorgaban las Órdenes de veinticinco de marzo y siete de octubre de mil novecientos sesenta y tres («Boletín Oficial del Estado» del once de abril y dieciocho de noviembre, respectivamente), podrán optar entre incorporarse a dicho régimen especial con encuadramiento en la correspondiente Mutualidad Laboral de Trabajadores Autónomos o mantener su situación anterior.

La opción en favor de la incorporación a este régimen especial deberá ejercitarse dentro del plazo de dos meses, contados a partir de la fecha de efectos iniciales del mismo, mediante comunicación a ambas Mutualidades afectadas; dicha opción surtirá efectos a partir del día uno del mes siguiente al de su ejercicio, siempre que en tal fecha sigan concurriendo en el interesado las condiciones determinantes de su inclusión en el campo de aplicación de este régimen especial. De no ejercitarse la opción en el referido plazo, se entenderá efectuada en favor del mantenimiento de su situación anterior.

D.T. 3.ª

Uno. En tanto por el Gobierno se establezcan las bases de cotización previstas en el número uno del artículo quince de este Decreto, continuarán vigentes las determinadas en el artículo quinto de la Orden de once de octubre de mil novecientos sesenta y siete («Boletín Oficial del Estado» del veinte), con la salvedad de que la base mínima será la de tres mil quinientas pesetas mensuales.

Dos. No obstante lo establecido en el número anterior, quienes a la entrada en vigor de este régimen especial se encuentren en la situación regulada en la disposición transitoria primera de los Estatutos de las Mutualidades Laborales de Trabajadores Autónomos, aprobados por la Orden de treinta de mayo de mil novecientos sesenta y dos («Boletín Oficial del Estado» de trece de junio) y modificada por el artículo séptimo de la referida Orden de once de octubre de mil novecientos sesenta y siete, continuarán, a efectos de sus bases de cotización, en la misma situación sin perjuicio de las actualizaciones correspondientes que a dichos efectos determine el Ministerio de Trabajo al ser establecidas por el Gobierno nuevas bases de cotización.

D.T. 4.ª

Uno. Las cotizaciones efectuadas al anterior régimen de las Mutualidades Laborales de Trabajadores Autónomos se computarán para el disfrute de las prestaciones del régimen especial que regula el presente Decreto.

Dos. Cuando el período mínimo de cotización exigido en el nuevo régimen para tener derecho a una prestación, fuese superior al requerido en la legislación anterior, se aplicará aquél de modo paulatino; para ello, se partirá en la fecha en que tenga efectos dicho régimen del período de cotización anteriormente exigido, y se determinará el aplicable en cada caso concreto añadiendo a tal período la mitad de los meses transcurridos entre la citada fecha y aquella en que se entienda causada la prestación; dicha regla se aplicará hasta el momento en que el período de cotización así resultante sea igual al implantado por este régimen especial.

Cuando el período de cotización exigido en el nuevo régimen fuese inferior al requerido en el anterior, se aplicará aquél de modo inmediato.

D.T. 5.ª

La base reguladora de las prestaciones cuyo período mínimo de cotización sea el de aplicación paulatina determinado en el número dos de la disposición transitoria anterior, se calculará de la siguiente forma:

Será el cociente que resulte de dividir por el número de meses exigido como período mínimo de cotización, para la respectiva prestación, la suma de las bases de cotización del trabajador durante un período ininterrumpido de igual número de meses naturales, aunque dentro del mismo existan lapsos en los que no haya habido obligación de cotizar. Este último período será elegido por el interesado dentro de los diez años inmediatamente anteriores a la fecha en que se entienda causada la prestación, salvo que se trate de la pensión de vejez para la que será, en todo caso, el período inmediatamente anterior a dicha fecha.

D.T. 6.ª

Uno. Los trabajadores incluídos en el campo de aplicación de este régimen especial, procedentes del régimen anterior de las Mutualidades Laborales de Trabajadores Autónomos, que en la fecha de entrada en vigor de aquél tuvieran cumplida la edad de sesenta y cinco años y cubiertos el período de carencia y demás requisitos exigidos por tal régimen anterior para causar la pensión de jubilación del mismo podrán optar entre acogerse a dicho régimen especial o continuar rigiéndose, a efectos de causar la indicada prestación, por el referido régimen anterior.

Las personas a las que se reconoce tal derecho de opción podrán ejercitarlo en la fecha en que soliciten su jubilación siempre que en la misma sigan reuniendo las condiciones exigidas.

Dos. Los trabajadores incluídos en el campo de aplicación de este régimen especial, procedentes del régimen anterior de las Mutualidades Laborales de Trabajadores Autónomos, que en la fecha de entrada en vigor de aquél tuviesen cumplida la edad de sesenta años y cubierto el período de carencia exigido por tal régimen anterior, para causar la pensión de jubilación del mismo podrán optar al solicitar la pensión de vejez de dicho régimen especial que causen, entre acogerse a uno u otro de tales regímenes a efectos de la fijación del porcentaje aplicable para determinar la cuantía de su pensión de vejez.

D.T. 7.ª

En tanto por el Ministerio de Trabajo no se determine un nuevo encuadramiento a efectos de lo previsto en el número dos del artículo sesenta y siete del presente Decreto, continuará en vigor el establecido en el artículo primero de la Orden de once de octubre de mil novecientos sesenta y siete.

D.T. 8.ª

Los Órganos de Gobierno de las Mutualidades Laborales de Trabajadores Autónomos mantendrán su Régimen anterior, sin perjuicio de que sus facultades quedaran referidas a las correspondientes materias de este régimen especial, en tanto se dicten por el Ministerio de Trabajo las correspondientes normas reglamentarias.

Así lo dispongo por el presente Decreto, dado en La Coruña a veinte de agosto de mil novecientos setenta.

FRANCISCO FRANCO

El Ministro de Trabajo,
LICINIO DE LA FUENTE Y DE LA FUENTE

IV.
REAL DECRETO 1273/2003, DE 10 DE OCTUBRE, POR EL QUE SE REGULA LA COBERTURA DE LAS CONTINGENCIAS PROFESIONALES DE LOS TRABAJADORES INCLUIDOS EN EL RÉGIMEN ESPECIAL DE LA SEGURIDAD SOCIAL DE LOS TRABAJADORES POR CUENTA PROPIA O AUTÓNOMOS, Y LA AMPLIACIÓN DE LA PRESTACIÓN POR INCAPACIDAD TEMPORAL PARA LOS TRABAJADORES POR CUENTA PROPIA

—BOE N.º 253 de 22 de octubre de 2003—

La disposición adicional trigésima cuarta del texto refundido de la Ley General de la Seguridad Social, aprobado por el Real Decreto Legislativo 1/1994, de 20 de junio, introducida por el artículo 40.cuatro de la Ley 53/2002, de 30 de diciembre, de medidas fiscales, administrativas y del orden social, establece que los trabajadores por cuenta propia incluidos en el Régimen Especial de la Seguridad Social de los Trabajadores por Cuenta Propia o Autónomos podrán mejorar de forma voluntaria el ámbito de la acción protectora que les dispensa dicho régimen, incorporando la correspondiente a las contingencias profesionales, siempre que tales trabajadores hayan optado por incluir también, previa o simultáneamente, dentro de dicho ámbito, la protección por incapacidad temporal derivada de contingencias comunes.

La citada disposición prevé que, por las contingencias indicadas, se reconocerán las prestaciones que, por causa de aquéllas, se conceden a los trabajadores incluidos en el Régimen General, en las condiciones que reglamentariamente se establezcan, determinando asimismo la consiguiente obligación de cotizar por las repetidas contingencias y remitiendo a las normas correspondientes la especificación de los epígrafes de la tarifa de primas por esas contingencias profesionales que hayan de aplicarse a estos trabajadores autónomos en función de sus actividades.

En consecuencia con ello, de acuerdo con lo determinado en la referida disposición adicional y al objeto de hacer plenamente efectiva la nueva mejora voluntaria de la acción protectora de los incluidos en el aludido Régimen Especial de Autónomos, se hace preciso proceder al oportuno desarrollo reglamentario tanto en materia de prestaciones como en relación con el régimen jurídico de las opciones que al respecto pueden formular los interesados y con los aspectos relativos a la cotización por las expresadas contingencias.

Por otra parte, en el Régimen Especial de Trabajadores por Cuenta Propia o Autónomos, así como en lo que se refiere a los trabajadores por cuenta propia incluidos en los Regímenes Especiales Agrario y de Trabajadores del Mar, el nacimiento de la prestación económica por incapacidad temporal ha venido produciéndose a partir del día decimoquinto de la baja, regulación que contrasta con lo establecido para los trabajadores por cuenta ajena, respecto de los cuales el apartado 1 del artículo 131 del citado texto refundido de la Ley General de la Seguridad Social prevé que la prestación nazca, en el supuesto de que la prestación se origine por contingencias comunes, a partir del día cuarto de la baja, si bien con la particularidad de que dicha prestación, durante los días cuarto al decimoquinto, ambos inclusive, esté a cargo del empresario correspondiente.

En relación con ello, el apartado 4 del artículo 10 del repetido cuerpo legal prevé que en la regulación de los Regímenes Especiales se tenderá a la máxima homogeneidad posible con el Régimen General. En el mismo sentido, la recomendación 4.ª del denominado Pacto de Toledo prevé también la homogeneidad del ámbito protector, al tiempo que se va equiparando el esfuerzo contributivo. A su vez, en el marco del objetivo de la convergencia de regímenes especiales, el apartado VII del Acuerdo para la mejora y el desarrollo del sistema de protección social, de 9 de abril de 2001, considera conveniente la introducción de las medidas que mejoren el marco de la acción protectora de los trabajadores por cuenta propia, de forma que aquélla se vaya acercando a la dispensada en el Régimen General.

En cumplimiento de tales previsiones, el artículo 8 del Real Decreto Ley 2/2003, de 25 de abril, establece que para los trabajadores por cuenta propia, cualquiera que sea el régimen en que se hallen encuadrados, el nacimiento de la prestación económica por incapacidad temporal a que pudieran tener derecho se producirá a partir del cuarto día de la baja, salvo en los casos en que, habiendo optado el interesado por la cobertura de las contingencias profesionales, el subsidio traiga su origen en un accidente de trabajo o en una enfermedad profesional, en cuyo caso, el nacimiento de la prestación se producirá a partir del día siguiente al de la baja, difiriendo a las disposiciones reglamentarias los términos y condiciones de dicho reconocimiento y percibo de la prestación. Se hace preciso, pues, proceder al desarrollo reglamentario de las previsiones antes señaladas.

En su virtud, a propuesta del Ministro de Trabajo y Asuntos Sociales, de acuerdo con el Consejo de Estado y previa deliberación del Consejo de Ministros en su reunión del día 10 de octubre de 2003,

DISPONGO:

CAPÍTULO I
Cobertura de las contingencias profesionales de los trabajadores incluidos en el Régimen Especial de Autónomos

SECCIÓN 1.ª OPCIÓN DE COBERTURA Y COTIZACIÓN

ART. 1. Opción para la cobertura de las contingencias de accidentes de trabajo y enfermedades profesionales.

Se modifica el artículo 47 del Reglamento general sobre inscripción de empresas y afiliación, altas, bajas y variaciones de datos de trabajadores en la Seguridad Social, aprobado por el Real Decreto 84/1996, de 26 de enero, en los siguientes términos:

Uno. El apartado 2 del artículo 47 queda redactado como sigue:

«2. En el momento de causar alta en este régimen especial, los trabajadores podrán acogerse voluntariamente a la cobertura de la prestación económica por incapacidad temporal. Realizada la opción en favor de dicha cobertura, ésta surtirá efectos desde el alta, sin perjuicio de lo dispuesto a efectos de cotización en el apartado 3 del artículo 35 de este reglamento y demás disposiciones complementarias.

Aquellos trabajadores que en el momento de causar alta en este régimen no hayan optado por la cobertura del subsidio de incapacidad temporal podrán, no obstante, optar por acogerse a dicha protección una vez transcurridos tres años naturales desde la fecha de efectos del alta, en cuyo caso deberán formular solicitud al respecto y por escrito antes del día primero del mes de octubre de cada año, surtiendo efectos desde el día primero del mes de enero del año siguiente.

1.º Los derechos y obligaciones derivados de la opción realizada en favor de la cobertura de la prestación por incapacidad temporal serán exigibles por un período mínimo de tres años, computados por años naturales completos, que se prorrogará automáticamente por períodos de igual duración, salvo modificación de la opción realizada en la forma, plazos, condiciones y con los efectos establecidos en los apartados 3.3.º y 3.4.º del artículo anterior.

2.º Los trabajadores que hubieran optado por la cobertura de la prestación económica por incapacidad temporal deberán formalizarla con una mutua de accidentes de trabajo y enfermedades profesionales de la Seguridad Social, en los términos y con los efectos establecidos en este artículo y demás disposiciones complementarias, la cual deberá aceptarla obligatoriamente, conforme a lo previsto en los artículos 74 y 75 del Reglamento sobre colaboración de las mutuas de accidentes de trabajo y enfermedades profesionales de la Seguridad Social, aprobado por el Real Decreto 1993/1995, de 7 de diciembre.»

IV

Dos. El apartado 3 del artículo 47 queda redactado como sigue:
«3. Los trabajadores incluidos en este régimen especial que hayan optado voluntariamente por la inclusión de la prestación económica por incapacidad temporal en el ámbito de la acción protectora de este régimen podrán optar por mejorar asimismo voluntariamente la acción protectora que dicho régimen les dispensa, incorporando la protección por las contingencias de accidentes de trabajo y enfermedades profesionales en los términos establecidos en este apartado.
1.º La opción de estos trabajadores en favor de la protección por contingencias profesionales deberá formalizarse con la misma entidad gestora o colaboradora con la que se haya formalizado o se formalice dicha cobertura de la incapacidad temporal.
La renuncia a la cobertura de la prestación por incapacidad temporal implicará en todo caso la renuncia a la protección por contingencias profesionales, sin que la renuncia a esta última conlleve la renuncia a la cobertura por incapacidad temporal, salvo que así se solicite expresamente.
2.º La opción por la protección frente a las contingencias de accidentes de trabajo y enfermedades profesionales y, en su caso, la renuncia a ella se realizarán en la forma, plazos y demás condiciones y con los efectos establecidos en el apartado 2 precedente sobre la opción y la renuncia de la protección por la prestación económica por incapacidad temporal, con las particularidades siguientes:
a) En los supuestos de cambio de mutua de accidentes de trabajo y enfermedades profesionales, la fecha de los efectos de la opción de cobertura por incapacidad temporal y por contingencias profesionales o los de la renuncia a su cobertura será la de la fecha de efectos del cambio de mutua.
Si la fecha de efectos de las opciones de cobertura o las renuncias a la protección de la incapacidad temporal o frente a las contingencias profesionales, se realicen o no simultáneamente, no coincidiese con la fecha de efectos del cambio de mutua, la fecha de efectos de las opciones de cobertura de la incapacidad temporal y de las contingencias profesionales o de su renuncia será, respectivamente, el día primero del mes de enero del año siguiente al de la formulación de la correspondiente opción o el último día del mes de diciembre del año de presentación de la renuncia.
b) Cuando, en la fecha de efectos de las opciones, las renuncias o los cambios de mutuas a que se refiere el párrafo anterior, el trabajador se encontrase en situación de incapacidad temporal, los efectos de la opción o del cambio se demorarán al día primero del mes siguiente a aquel en que se produzca el alta médica y la renuncia surtirá efectos el último día del mes en que dicha alta haya tenido lugar.»
Tres. Los actuales apartados 3 y 4 del artículo 47 pasan a constituir, respectivamente, los apartados 4 y 5.

ART. 2. Cotización.

El Reglamento general sobre cotización y liquidación de otros derechos de la Seguridad Social, aprobado por el Real Decreto 2064/1995, de 22 de diciembre, se modifica en los siguientes términos:
Uno. El artículo 44 queda redactado como sigue:
«Artículo 44. Cotización en los supuestos de mejora voluntaria por incapacidad temporal y por contingencias profesionales.
Los trabajadores incluidos en el campo de aplicación del Régimen Especial de Trabajadores por Cuenta Propia o Autónomos únicamente estarán obligados a cotizar por la contingencia de incapacidad temporal y por las contingencias derivadas de accidente de trabajo y enfermedad profesional cuando hayan optado voluntariamente por acogerse a la protección por tales contingencias en los términos señalados en el artículo 47 del Reglamento general sobre inscripción de empresas y afiliación, altas, bajas y variaciones de datos de los trabajadores en la Seguridad Social.»
Dos. El apartado 4 del artículo 45 queda redactado como sigue:
«4. La mejora de la acción protectora por contingencias profesionales determina para los acogidos a ella el nacimiento de la obligación de cotizar por la misma base por la que coticen por contingencias comunes y conforme a los porcentajes fijados en el anejo 2 del Real Decreto 2930/1979, de 29 de diciembre, por el que se revisa la tarifa de primas para la cotización a la Seguridad Social por accidentes de trabajo y enfermedades profesionales.»
Tres. Se adiciona un nuevo apartado 5 al artículo 45 con la siguiente redacción:
«5. En el supuesto de que estos trabajadores, que hubiesen optado por la protección por incapacidad temporal y frente a las contingencias profesionales, queden excluidos de la

IV

obligación de cotizar por tener cumplidos 65 o más años de edad y acreditar 35 o más de cotización efectiva a la Seguridad Social conforme a lo establecido en la disposición adicional trigésima segunda de la Ley General de la Seguridad Social, se mantendrá la obligación de cotizar por incapacidad temporal y por las contingencias profesionales hasta la fecha de efectos de la renuncia a dicha cobertura o de la de baja en este régimen especial.»

Cuatro. El actual apartado 4 del artículo 45 pasa a constituir su apartado 6.

SECCIÓN 2.ª ACCIÓN PROTECTORA

ART. 3. Contingencias protegidas y prestaciones.

1. Los trabajadores incluidos en el Régimen Especial de la Seguridad Social de los Trabajadores por Cuenta Propia o Autónomos que hayan mejorado voluntariamente el ámbito de la acción protectora que dicho régimen les dispensa, incorporando la correspondiente a las contingencias de accidentes de trabajo y enfermedades profesionales, siempre que los interesados, previa o simultáneamente, hayan optado por incluir, dentro de dicho ámbito, la prestación económica por incapacidad temporal, tendrán derecho a las prestaciones originadas por dichas contingencias, en la misma extensión, forma, términos y condiciones que en el régimen general, con las particularidades que se determinan en este real decreto.

2. Se entenderá como accidente de trabajo del trabajador autónomo el ocurrido como consecuencia directa e inmediata del trabajo que realiza por su propia cuenta y que determina su inclusión en el campo de aplicación del régimen especial.

A tal efecto, tendrán la consideración de accidente de trabajo:

a) Los acaecidos en actos de salvamento y otros de naturaleza análoga, cuando unos y otros tengan conexión con el trabajo.

b) Las lesiones que sufra el trabajador durante el tiempo y en el lugar del trabajo, cuando se pruebe la conexión con el trabajo realizado por cuenta propia.

c) Las enfermedades, no incluidas en el apartado 5 de este artículo, que contraiga el trabajador con motivo de la realización de su trabajo, siempre que se pruebe que la enfermedad tuvo por causa exclusiva la ejecución de aquél.

d) Las enfermedades o defectos padecidos con anterioridad por el trabajador, que se agraven como consecuencia de la lesión constitutiva del accidente.

e) Las consecuencias del accidente que resulten modificadas en su naturaleza, duración, gravedad o terminación, por enfermedades intercurrentes, que constituyan complicaciones derivadas del proceso patológico determinado por el accidente mismo o tengan su origen en afecciones adquiridas en el nuevo medio en que se haya situado el paciente para su curación.

3. No tendrán la consideración de accidentes de trabajo en el Régimen Especial de Trabajadores por Cuenta Propia o Autónomos:

a) Los que sufra el trabajador al ir o al volver del lugar del trabajo.

b) Los que sean debidos a fuerza mayor extraña al trabajo, entendiéndose por ésta la que sea de tal naturaleza que ninguna relación guarde con el trabajo que se ejecutaba al ocurrir el accidente. En ningún caso, se considera fuerza mayor extraña al trabajo la insolación, el rayo y otros fenómenos análogos de la naturaleza.

c) Los que sean debidos a dolo o imprudencia temeraria del trabajador.

4. No impedirá la calificación de un accidente como de trabajo la concurrencia de la culpabilidad civil o criminal de un tercero, salvo que no guarde relación alguna con el trabajo.

5. Se entiende por enfermedad profesional la contraída a consecuencia del trabajo ejecutado por cuenta propia, en la actividad en virtud de la cual el trabajador está incluido en el campo de aplicación del régimen especial, que esté provocada por la acción de los elementos y sustancias y en las actividades contenidos en la lista de enfermedades profesionales con las relaciones de las principales actividades capaces de producirlas, anexa al Real Decreto 1995/1978, de 12 de mayo, por el que se aprueba el cuadro de enfermedades profesionales en el sistema de la Seguridad Social.

ART. 4. Alcance de la acción protectora.

1. Los trabajadores a que se refiere el apartado 1 del artículo anterior y, en su caso, sus familiares tendrán derecho a las prestaciones siguientes:

IV

a) Asistencia sanitaria.

b) Subsidio por incapacidad temporal.

c) Prestaciones por incapacidad permanente.

d) Prestaciones por muerte y supervivencia.

e) Indemnizaciones a tanto alzado por lesiones permanentes, derivadas de accidentes de trabajo o enfermedad profesional, que no causen incapacidad.

2. En el Régimen Especial de Trabajadores por Cuenta Propia o Autónomos, se entenderá por incapacidad permanente parcial para la profesión habitual la que, sin alcanzar el grado de total, ocasione al trabajador una disminución no inferior al 50 por ciento en su rendimiento normal para dicha profesión, sin impedirle la realización de las tareas fundamentales de aquélla.

3. En el caso de incapacidad permanente total para la profesión habitual, el beneficiario tendrá derecho a la entrega de una cantidad a tanto alzado equivalente a 40 mensualidades de la base reguladora, calculada ésta según lo previsto en el artículo séptimo, o a una pensión vitalicia en los mismos términos en que se reconoce en el régimen general.

4. No será de aplicación a estos trabajadores el recargo de las prestaciones económicas en caso de accidente de trabajo y enfermedad profesional por falta de medidas de prevención de riesgos laborales, a que se refiere el artículo 123 del texto refundido de la Ley General de la Seguridad Social.

ART. 5. Condiciones de acceso a las prestaciones.

Será requisito imprescindible para el reconocimiento y abono de las prestaciones que los interesados estén afiliados y en situación de alta o asimilada, así como que, con excepción del auxilio por defunción, se hallen al corriente en el pago de las cuotas a la Seguridad Social. De no ser así, se les cursará invitación en los términos y con los efectos previstos en el artículo 28 del Decreto 2530/1970, de 20 de agosto, por el que se regula el Régimen Especial de la Seguridad Social de los Trabajadores por Cuenta Propia o Autónomos.

ART. 6. Subsidio por incapacidad temporal.

1. El derecho al subsidio por incapacidad temporal, en los casos de accidente de trabajo o enfermedad profesional, nacerá en los términos previstos en el artículo décimo.

2. La cuantía diaria del subsidio será el resultado de aplicar el porcentaje establecido en el artículo undécimo.b) a la correspondiente base reguladora.

La base reguladora de la prestación estará constituida por la base de cotización del trabajador correspondiente al mes anterior al de la baja médica, dividida entre 30. Dicha base se mantendrá durante todo el proceso de incapacidad temporal, incluidas las correspondientes recaídas, salvo que el interesado hubiese optado por una base de cotización de cuantía inferior, en cuyo caso se tendrá en cuenta esta última.

3. La gestión y el control de la prestación económica por incapacidad temporal derivada de contingencias profesionales se llevarán a cabo de conformidad con lo establecido en la materia, con carácter general.

ART. 7. Base reguladora de las prestaciones.

La base reguladora de las prestaciones de incapacidad permanente y de muerte y supervivencia, derivadas de contingencias profesionales, será equivalente a la base de cotización del trabajador en la fecha del hecho causante de la prestación.

ART. 8. Reconocimiento del derecho y pago.

El reconocimiento del derecho y el pago de las prestaciones derivadas de contingencias profesionales se llevarán a cabo, en iguales términos y en las mismas situaciones que en el Régimen General de la Seguridad Social, por el Instituto Nacional de la Seguridad Social o por la mutua de accidentes de trabajo y enfermedades profesionales de la Seguridad Social, en función, respectivamente, de la entidad gestora o colaboradora con la que se haya formalizado la cobertura de la incapacidad temporal.

Respecto de las prestaciones de incapacidad permanente e indemnizaciones por lesiones permanentes no invalidantes, se estará a lo dispuesto en el Real Decreto 1300/1995, de 21 de julio, y en sus normas de aplicación y desarrollo.

IV

CAPÍTULO II
Incapacidad temporal de los trabajadores por cuenta propia

ART. 9. Régimen jurídico de la prestación económica por incapacidad temporal.

La prestación económica por incapacidad temporal de los trabajadores por cuenta propia, cualquiera que sea la contingencia de la que derive, se regirá por lo previsto en este capítulo y, en lo no regulado en él, por lo establecido en el Régimen General, sin perjuicio de las especialidades previstas con respecto a las situaciones derivadas de accidente de trabajo o enfermedad profesional.

ART. 10. Nacimiento del derecho.

Los trabajadores por cuenta propia que tengan derecho a la prestación económica por incapacidad temporal percibirán el correspondiente subsidio:

a) Con carácter general, a partir del cuarto día inclusive de la baja en el trabajo o actividad.

b) En los supuestos en que el interesado hubiese optado por la cobertura de las contingencias profesionales, o las tenga cubiertas de forma obligatoria, y el subsidio se hubiese originado a causa de un accidente de trabajo o de una enfermedad profesional a partir del día siguiente al de la baja.

ART. 11. Cuantía de la prestación.

La cuantía del subsidio será el resultado de aplicar sobre la correspondiente base reguladora, determinada en el artículo sexto.2, los siguientes porcentajes:

a) Con carácter general, desde el día cuarto al vigésimo de la baja, ambos inclusive, en la correspondiente actividad, el 60 por ciento. A partir del día vigésimo primero, el 75 por ciento.

b) En los supuestos en que el interesado hubiese optado por la cobertura de las contingencias profesionales, o las tenga cubiertas de forma obligatoria, y el subsidio se hubiese originado a causa de un accidente de trabajo o de una enfermedad profesional, el 75 por ciento desde el día siguiente al de la baja.

ART. 12. Requisitos.

En los supuestos a que se refiere este capítulo, será requisito indispensable para el reconocimiento del derecho a la prestación por incapacidad temporal que el interesado se halle al corriente en el pago de las correspondientes cuotas a la Seguridad Social, sin perjuicio de los efectos de la invitación al ingreso de las cuotas debidas en los casos en que aquella proceda.

Asimismo, los trabajadores que se encuentren en incapacidad temporal vendrán obligados a presentar, ante la correspondiente entidad gestora o colaboradora, en la forma y con la periodicidad que determine la entidad gestora del régimen en que estén encuadrados, declaración sobre la persona que gestione directamente el establecimiento mercantil, industrial o de otra naturaleza del que sean titulares o, en su caso, el cese temporal o definitivo en la actividad. La falta de presentación de la declaración dará lugar a que por la entidad gestora o colaboradora se suspenda cautelarmente el·abono de la prestación, iniciándose las actuaciones administrativas oportunas a efectos de verificar que se cumplen los requisitos condicionantes del acceso y percibo de la prestación.

DISPOSICIONES TRANSITORIAS

D.T. 1.ª Plazo de opción de los trabajadores autónomos en alta.

Los trabajadores por cuenta propia o autónomos, que figuren en alta en el Régimen Especial de la Seguridad Social de los Trabajadores por Cuenta Propia o Autónomos en la fecha de entrada en vigor de este real decreto y que hubieran optado en dicha fecha por la cobertura de la prestación económica por incapacidad temporal, podrán optar por la cobertura de las contingencias profesionales dentro de los dos meses siguientes a la fecha de entrada en vigor de este real decreto, surtiendo efectos desde el día de dicha opción y hasta el día que se finalice la opción por incapacidad temporal por contingencias comunes, aunque no coincida con un período de tres años.

Modificado por Real Decreto 753/2005, de 24 de junio, por el que se establece un nuevo plazo de opción para la cobertura de las contingencias profesionales de los trabajadores incluidos en el Régimen Especial de la Seguridad Social de los Trabajadores por Cuenta Propia o Autónomos. (BOE de 07-07-2005).

IV

D.T. 2.ª Opción para acogerse a la cobertura por incapacidad temporal producida antes del 1 de enero de 1998.

No obstante lo dispuesto en el artículo primero.uno, que da nueva redacción al apartado 2.2.º del artículo 47 del Reglamento general sobre inscripción de empresas y afiliación, altas, bajas y variaciones de datos de trabajadores en la Seguridad Social, las opciones para acogerse a la cobertura por incapacidad temporal que se hubiesen producido antes del 1 de enero de 1998, formalizadas con una entidad gestora o con una mutua de accidentes de trabajo y enfermedades profesionales de la Seguridad Social, mantendrán su validez con la entidad con la que se hubiesen celebrado, a los efectos de lo previsto en el citado artículo 47.2.

DISPOSICIONES DEROGATORIAS

D.DT. UNICA. Derogación normativa.

Quedan derogadas cuantas disposiciones de igual o inferior rango se opongan a lo dispuesto en este real decreto y, específicamente, las siguientes:

a) Los artículos 5 y 6 del Real Decreto 1976/1982, de 24 de julio, por el que se desarrolla lo dispuesto en el Real Decreto Ley 9/1982, de 30 de abril, por el que se modifica la redacción de los artículos 25 y 31 del texto refundido regulador del Régimen Especial Agrario de la Seguridad Social.

b) Los artículos 5 y 6 de la Orden de 28 de julio de 1978, por la que se desarrolla lo dispuesto en el Real Decreto 1774/1978, de 23 de junio, por el que se incluye la incapacidad laboral transitoria como mejora voluntaria en el Régimen Especial de la Seguridad Social de los Trabajadores por Cuenta Propia o Autónomos.

c) La disposición adicional décima del Real Decreto 2319/1993, de 29 de diciembre, sobre revalorización de las pensiones del sistema de la Seguridad Social y de otras prestaciones de protección social pública para 1994.

DISPOSICIONES FINALES

D.F. 1.ª Facultades de aplicación y desarrollo.

Se faculta al Ministro de Trabajo y Asuntos Sociales para dictar las disposiciones que sean necesarias para la aplicación y desarrollo de lo dispuesto en este real decreto.

D.F. 2.ª Entrada en vigor.

El presente real decreto entrará en vigor el día 1 de enero de 2004, salvo lo establecido en su capítulo II, que entrará en vigor el día primero del mes siguiente al de su publicación en el «Boletín Oficial del Estado».

Dado en Madrid, a 10 de octubre de 2003.
JUAN CARLOS R.

El Ministro de Trabajo y Asuntos Sociales,
EDUARDO ZAPLANA HERNÁNDEZ-SORO

IV

V.
REAL DECRETO 197/2009, DE 23 DE FEBRERO, POR EL QUE SE DESARROLLA EL ESTATUTO DEL TRABAJO AUTÓNOMO EN MATERIA DE CONTRATO DEL TRABAJADOR AUTÓNOMO ECONÓMICAMENTE DEPENDIENTE Y SU REGISTRO Y SE CREA EL REGISTRO ESTATAL DE ASOCIACIONES PROFESIONALES DE TRABAJADORES AUTÓNOMOS

—BOE N.º 54 de 4 de marzo de 2009—

Ver Capítulo III del Título II de la Ley 20/2007, de 11 de julio, del Estatuto del trabajo autónomo.

La Ley 20/2007, de 11 de julio, del Estatuto del Trabajo Autónomo ha constituido un hito para los trabajadores autónomos en España. El nuevo Estatuto supone dar respuesta a la demanda de un colectivo muy heterogéneo con una normativa muy dispersa que requería de un marco jurídico estable para constituirse como referencia del trabajo autónomo.

Con la aprobación y la entrada en vigor del Estatuto del Trabajo Autónomo se da cumplimiento a una exigencia legal y social, estableciendo un nuevo punto de partida para los trabajadores autónomos. Sin embargo, el Estatuto del Trabajo Autónomo llama al desarrollo reglamentario, por una parte, como un mandato tasado en determinadas disposiciones específicas y por otra parte, el citado desarrollo se hace patente en aquellos artículos del referido Estatuto que requieren profundización y clarificación técnica.

Una de las más importantes novedades de la citada Ley la constituye el reconocimiento por primera vez de lo que se ha dado en llamar el trabajador autónomo económicamente dependiente.

En este sentido el artículo 11.1 del Estatuto del Trabajo Autónomo define al trabajador autónomo económicamente dependiente como aquel trabajador autónomo que realiza su actividad económica o profesional para una empresa o cliente del que percibe al menos el 75 por ciento de sus ingresos y el artículo 12.1 del Estatuto del Trabajo Autónomo, dispone que el contrato para la realización de la actividad económica o profesional del trabajador autónomo económicamente dependiente celebrado entre éste y su cliente deberá formalizarse siempre por escrito y deberá ser registrado en la oficina pública correspondiente. Dicho registro no tendrá carácter público.

Se establece que reglamentariamente se regularán las características de dichos contratos y del Registro en el que deberán inscribirse, así como las condiciones para que los representantes legales de los trabajadores tengan acceso a la información de los contratos que su empresa celebre con trabajadores autónomos económicamente dependientes.

Del mismo modo, la disposición adicional decimoséptima del citado Estatuto establece que se determinarán reglamentariamente las especificidades del contrato en el sector de los agentes de seguros.

Asimismo, se determina el Registro que asume lo dispuesto en el artículo 20.3 del Estatuto del Trabajo Autónomo, en materia de la oficina pública de inscripción y depósito de estatutos de las asociaciones profesionales de trabajadores autónomos.

A la luz de lo expuesto, el presente real decreto tiene como objeto desarrollar la nueva regulación relativa al citado contrato y su registro así como el Registro Estatal de Asociaciones Profesionales de Trabajadores Autónomos, haciendo uso de la autorización prevista en la citada disposición adicional decimoséptima, la disposición final tercera y la disposición final quinta del Estatuto del Trabajo Autónomo.

En el proceso de elaboración del proyecto, han sido informadas las Comunidades Autónomas, a través de la Conferencia Sectorial de Empleo y Asuntos Laborales. Además, han sido consultadas las asociaciones de trabajadores autónomos y las organizaciones empresariales y sindicales más representativas.

V

En su virtud, a propuesta del Ministro de Trabajo e Inmigración, con la aprobación previa de la Ministra de Administraciones Públicas, de acuerdo con el Consejo de Estado y previa deliberación del Consejo de Ministros en su reunión del día 20 de febrero de 2009.
DISPONGO:

CAPÍTULO I
Contrato del trabajador autónomo económicamente dependiente para la realización de la actividad económica o profesional

ART. 1. Objeto y ámbito de aplicación.

1. Se considera trabajador autónomo económicamente dependiente la persona física que realiza una actividad económica o profesional a título lucrativo y de forma habitual, personal, directa y predominante para un cliente del que percibe, al menos, el 75 por ciento de sus ingresos por rendimientos de trabajo y de actividades económicas o profesionales y en el que concurren las restantes condiciones establecidas en el artículo 11 de la Ley 20/2007, de 11 de julio, del Estatuto del Trabajo Autónomo.

2. Se considera cliente a estos efectos la persona física o jurídica para la que se realiza la actividad económica o profesional a que se refieren los apartados anteriores.

3. El contrato que celebre un trabajador autónomo económicamente dependiente con su cliente con el objeto de que el primero ejecute una actividad económica o profesional a favor del segundo a cambio de una contraprestación económica, ya sea su naturaleza civil, mercantil o administrativa se regirá por las disposiciones contenidas en este Capítulo, en lo que no se oponga a la normativa aplicable a la actividad.

El contrato tiene por objeto la realización de la actividad económica o profesional del trabajador autónomo económicamente dependiente pudiendo celebrarse para la ejecución de una obra o serie de ellas o para la prestación de uno o más servicios.

ART. 2. Determinación, comunicación y acreditación de la condición de trabajador autónomo económicamente dependiente.

1. A efectos de la determinación del trabajador autónomo económicamente dependiente a que se refiere el artículo 1.1, se entenderán como ingresos percibidos por el trabajador autónomo del cliente con quien tiene dicha relación, los rendimientos íntegros, de naturaleza dineraria o en especie, que procedan de la actividad económica o profesional realizada por aquél a título lucrativo como trabajador por cuenta propia. Los rendimientos íntegros percibidos en especie se valorarán por su valor normal de mercado, de conformidad con lo dispuesto en el artículo 43 de la Ley 35/2006, de 28 de noviembre del Impuesto sobre la Renta de las Persona Físicas y de modificación parcial de las leyes de los Impuestos sobre Sociedades, sobre la Renta de no Residentes y sobre el Patrimonio.

Para el cálculo del porcentaje del 75 por ciento, los ingresos mencionados en el párrafo anterior se pondrán en relación exclusivamente con los ingresos totales percibidos por el trabajador autónomo por rendimientos de actividades económicas o profesionales como consecuencia del trabajo por cuenta propia realizado para todos los clientes, incluido el que se toma como referencia para determinar la condición de trabajador autónomo económicamente dependiente, así como los rendimientos que pudiera tener como trabajador por cuenta ajena en virtud de contrato de trabajo, bien sea con otros clientes o empresarios o con el propio cliente. En este cálculo se excluyen los ingresos procedentes de los rendimientos de capital o plusvalías que perciba el trabajador autónomo derivados de la gestión de su propio patrimonio personal, así como los ingresos procedentes de la transmisión de elementos afectos a actividades económicas.

2. Para poder celebrar el contrato que se regula en este capítulo, el trabajador que de conformidad con lo establecido en el artículo 1.1, se considere trabajador autónomo económicamente dependiente, comunicará al cliente dicha condición, no pudiendo acogerse al régimen jurídico establecido en este real decreto en el caso de no producirse tal comunicación.

3. El cliente podrá requerir al trabajador autónomo económicamente dependiente la acreditación del cumplimiento de las condiciones establecidas en el artículo 1.1, en la fecha de la celebración del contrato o en cualquier otro momento de la relación contractual siempre que desde la última acreditación hayan transcurrido al menos seis meses, y todo ello sin perjuicio del ejercicio de las acciones judiciales oportunas en el supuesto de controver-

sia derivada del contrato. A tales efectos se considera documentación acreditativa de los ingresos a que se refiere el apartado 1 la que acuerden las partes o cualquiera admitida en derecho, y en todo caso la recogida en la declaración del artículo 5.2.

4. A efectos de determinar la referida acreditación se podrá tomar en consideración, entre otros medios de prueba, la última declaración del Impuesto sobre la Renta de las Personas Físicas y en su defecto, el certificado de rendimientos emitido por la Agencia Estatal de Administración Tributaria.

Incluida la corrección de errores del Real Decreto 197/2009, de 23 de febrero de asociaciones profesionales de trabajadores autónomos. (BOE de 22-05-2009).

ART. 3. Duración del contrato.

El contrato tendrá la duración que las partes acuerden, pudiendo fijarse una fecha de término del contrato o remitirse a la finalización del servicio determinado.

De no fijarse duración o servicio determinado se presumirá, salvo prueba en contrario, que el contrato surte efectos desde la fecha de su formalización y que se ha pactado por tiempo indefinido.

ART. 4. Forma y contenido del contrato.

1. El contrato para la realización de la actividad económica o profesional del trabajador autónomo económicamente dependiente se formalizará siempre por escrito.

2. En el contrato deberán constar necesariamente los siguientes extremos:

a) La identificación de las partes que lo conciertan.

b) La precisión de los elementos que configuran la condición de económicamente dependiente del trabajador autónomo respecto del cliente con el que contrata, en los términos recogidos en el artículo siguiente.

c) El objeto y causa del contrato, precisando para ello, en todo caso, el contenido de la prestación del trabajador autónomo económicamente dependiente, que asumirá el riesgo y ventura de la actividad y la determinación de la contraprestación económica asumida por el cliente en función del resultado, incluida, en su caso, la periodicidad y el modo de ambas prestaciones.

d) El régimen de la interrupción anual de la actividad, del descanso semanal y de los festivos, así como la duración máxima de la jornada de la actividad, incluyendo su distribución semanal si ésta se computa por mes o año. Si la trabajadora autónoma económicamente dependiente es víctima de la violencia de género, conforme a lo previsto en el artículo 14 del Estatuto del Trabajo Autónomo, y en el acuerdo de interés profesional aplicable, deberá contemplarse también la correspondiente distribución semanal y adaptación del horario de la actividad con el objeto de hacer efectiva su protección o su derecho a la asistencia social integral.

e) El acuerdo de interés profesional que, en su caso, sea de aplicación, siempre que el trabajador autónomo económicamente dependiente dé su conformidad de forma expresa.

3. Las partes podrán incluir en el contrato cualquier otra estipulación que consideren oportuna y sea conforme a derecho. En particular, en el contrato se podrá estipular:

a) La fecha de comienzo y duración de la vigencia del contrato y de las respectivas prestaciones.

b) La duración del preaviso con que el trabajador autónomo económicamente dependiente o el cliente han de comunicar a la otra parte su desistimiento o voluntad de extinguir el contrato respectivamente, en virtud de lo establecido en el artículo 15.1 d) y f) del Estatuto del Trabajo Autónomo, así como, en su caso, otras causas de extinción o interrupción de conformidad con el artículo 15.1 b) y 16.2 del Estatuto del Trabajo Autónomo respectivamente.

c) La cuantía de la indemnización a que, en su caso, tenga derecho el trabajador autónomo económicamente dependiente o el cliente por extinción del contrato, conforme a lo previsto en el artículo 15 del Estatuto del Trabajo Autónomo, salvo que tal cuantía venga determinada en el acuerdo de interés profesional aplicable.

d) La manera en que las partes mejorarán la efectividad de la prevención de riesgos laborales, más allá del derecho del trabajador autónomo económicamente dependiente a su integridad física y a la protección adecuada de su seguridad y salud en el trabajo, así como su formación preventiva de conformidad con en el artículo 8 del Estatuto del Trabajo Autónomo.

e) Las condiciones contractuales aplicables en caso de que el trabajador autónomo económicamente dependiente dejase de cumplir con el requisito de dependencia económica.

V

ART. 5. Precisiones específicas del contrato.

1. En el contrato deberá hacerse constar expresamente la condición de económicamente dependiente del trabajador autónomo respecto del cliente con el que contrata.

A tal efecto, las partes del contrato asentirán sobre la concurrencia simultánea de las condiciones a que se refiere el artículo 11.2 del Estatuto del Trabajo Autónomo; en particular, declararán y expresarán que:

a) La actividad del trabajador autónomo económicamente dependiente no se ejecutará de manera indiferenciada con los trabajadores que presten servicios bajo cualquier modalidad de contratación laboral por cuenta del cliente.

b) La actividad se desarrollará por el trabajador autónomo con criterios organizativos propios, sin perjuicio de las indicaciones técnicas que pudiera recibir de su cliente para la realización de la actividad.

c) El riesgo y ventura de la actividad será asumido por el trabajador autónomo, que recibirá la contraprestación del cliente en función del resultado de su actividad.

2. A los mismos efectos que el apartado anterior, el contrato deberá incluir una declaración del trabajador autónomo sobre los siguientes extremos:

a) Que los ingresos derivados de las condiciones económicas pactadas en el contrato representan, al menos, el 75 por ciento de sus ingresos por rendimientos de trabajo y de actividades económicas o profesionales.

b) Que no tiene a su cargo trabajadores por cuenta ajena.

c) Que no va a contratar ni subcontratar con terceros parte o toda la actividad contratada con el cliente ni las actividades que pudiera contratar con otros clientes.

d) Que dispone de infraestructura productiva y material propios, necesarios para el ejercicio de la actividad e independientes de los de su cliente, cuando en la actividad a realizar sean relevantes económicamente.

e) Que comunicará por escrito a su cliente las variaciones en la condición de dependiente económicamente que se produzcan durante la vigencia del contrato.

f) Que no es titular de establecimientos o locales comerciales e industriales y de oficinas y despachos abiertos al público.

g) Que no ejerce profesión conjuntamente con otros profesionales en régimen societario o bajo cualquier otra fórmula jurídica admitida en derecho.

ART. 6. Registro.

1. El contrato deberá ser registrado por el trabajador autónomo económicamente dependiente en el plazo de los diez días hábiles siguientes a su firma, comunicando al cliente dicho registro en el plazo de cinco días hábiles siguientes al mismo. Transcurrido el plazo de quince días hábiles desde la firma del contrato sin que se haya producido la comunicación de registro del contrato por el trabajador autónomo económicamente dependiente, será el cliente quien deberá registrar el contrato en el Servicio Público de Empleo Estatal en el plazo de diez días hábiles siguientes. El registro, se efectuará en el Servicio Público de Empleo Estatal, organismo del que dependerá el registro con carácter informativo de contratos para la realización de la actividad económica o profesional del trabajador autónomo económicamente dependiente.

2. El registro del contrato del trabajador autónomo económicamente dependiente especificará los extremos obligatorios del contrato contenidos en el artículo 4.2 de este real decreto, de modo que además de los datos esenciales identificativos del trabajador autónomo y del cliente, fecha de inicio y terminación del contrato, en su caso, y actividad económica o profesional, figuren también, la constancia expresa de la condición de trabajador autónomo económicamente dependiente del cliente contratante, contenido de la prestación del trabajador autónomo económicamente dependiente y la contraprestación económica del cliente, el régimen de la interrupción anual de la actividad y jornada, así como el acuerdo de interés profesional cuando sea aplicable.

3. Para el cumplimiento de lo dispuesto en el apartado 1 de este artículo, el trabajador autónomo económicamente dependiente, el cliente o los profesionales colegiados que actúen en representación de terceros efectuarán el registro mediante la presentación personal por medio de la copia de contrato o mediante el procedimiento telemático del Servicio Público de Empleo Estatal.

4. Asimismo serán objeto de comunicación al Servicio Público de Empleo Estatal las modificaciones del contrato que se produzcan y la terminación del contrato, en los mismos términos y plazos señalados en el apartado 1 del presente artículo, a contar desde que se produzca.

5. El Servicio Público de Empleo Estatal informará al Consejo del Trabajo Autónomo sobre los datos estadísticos del registro de los contratos de los trabajadores autónomos económicamente dependientes.

ART. 7. Información sobre los contratos.

1. El cliente, en un plazo no superior a diez días hábiles a partir de la contratación de un trabajador autónomo económicamente dependiente, deberá informar a los representantes de sus trabajadores, si los hubiere, sobre dicha contratación.

2. A los efectos indicados en el apartado anterior, el empresario notificará a los representantes de los trabajadores los siguientes elementos del contrato:

a) Identidad del trabajador autónomo.

b) Objeto del contrato.

c) Lugar de ejecución.

d) Fecha de comienzo y duración del contrato.

De esta información se excluirá en todo caso el número de documento nacional de identidad, el domicilio, el estado civil, y cualquier otro dato que pudiera afectar a la intimidad personal, de acuerdo con la Ley Orgánica 1/1982, de 5 de mayo, que establece la protección civil de los derechos fundamentales al honor, a la intimidad personal y familiar y a la propia imagen, y con Ley Orgánica 15/1999, de 13 de diciembre, de protección de datos de carácter personal.

3. Será de aplicación lo previsto en el artículo 65 del texto refundido de la Ley del Estatuto de los Trabajadores, aprobado por el Real Decreto Legislativo 1/1995, de 24 de marzo, respecto de la observancia de las normas que sobre sigilo profesional están establecidas para los miembros del comités de empresa para la información relativa a los contratos de los trabajadores autónomos económicamente dependientes.

CAPÍTULO II
Contrato de trabajador autónomo económicamente dependiente en el sector de los agentes de seguros

ART. 8. Ámbito de aplicación

Los agentes de seguros exclusivos y agentes de seguros vinculados que cumplan con las condiciones establecidas en el artículo 11 del Estatuto del Trabajo Autónomo, estarán sujetos, como trabajadores autónomos económicamente dependientes, al capítulo III del Título II del citado Estatuto y quedan incluidos en el ámbito de aplicación de este real decreto.

En todo caso, en virtud de lo dispuesto en el artículo 11.2 a) del Estatuto del Trabajo Autónomo, quedarán excluidos de la condición de trabajadores autónomos económicamente dependientes los agentes de seguros exclusivos y agentes de seguros vinculados que hayan suscrito un contrato mercantil con auxiliares externos, de conformidad con el artículo 8 de la Ley 26/2006, de 17 de julio, de Mediación de Seguros y Reaseguros Privados.

ART. 9. Ejercicio de la actividad del agente de seguros y uso de instrumentos y herramientas proporcionados por la entidad aseguradora.

1. A los efectos del artículo 11.2.d) del Estatuto del Trabajo Autónomo, se considerarán indicaciones técnicas, entre otras, las relacionadas con su actividad, especialmente las que deriven de la normativa interna de suscripción y de cobertura de riesgos de la entidad aseguradora, de la normativa de seguros privados, de la normativa de protección de datos de carácter personal, de blanqueo de capitales u otras disposiciones de obligado cumplimiento.

2. A los efectos del artículo 11.2.c) del Estatuto del Trabajo Autónomo, no se considerará económicamente relevante la documentación, el material, ni el uso de instrumentos o herramientas, incluidas las telemáticas, que la entidad aseguradora proporcione a los agentes de seguros autónomos económicamente dependientes.

3. El cumplimiento de las indicaciones técnicas que los agentes de seguros autónomos económicamente dependientes puedan recibir de la entidad aseguradora para la que presten sus servicios, así como el uso de la documentación, material, herramientas e instrumentos proporcionados por la entidad aseguradora a aquéllos no supondrá que tales agentes de seguros ejecuten su actividad de manera indiferenciada con los trabajadores que presten servicios bajo cualquier modalidad de contratación laboral por cuenta del cliente.

ART. 10. Contrato de agencia de seguros.

1. El contrato de agencia de seguros que se celebre entre el agente de seguros autónomo económicamente dependiente y la entidad aseguradora dentro del ámbito de aplicación del artículo 8 de este real decreto se regirá, en lo que no se oponga al artículo 10 de la Ley 26/2006, de 17 de julio, de Mediación de Seguros y Reaseguros Privados, por lo dispuesto en el capítulo I de este real decreto, sin perjuicio de las especificidades que se recogen en este capítulo.

2. La inscripción del contrato de agencia en el registro a que se refiere el artículo 6 de este real decreto se realizará sin perjuicio de la necesaria inscripción del agente de seguros en el Registro administrativo de mediadores de seguros, corredores de reaseguros y sus altos cargos, en cumplimiento del artículo 9.1 de la Ley de Mediación de Seguros y Reaseguros Privados.

ART. 11. Procedimientos no jurisdiccionales de solución de conflictos.

Sin perjuicio de lo dispuesto en el artículo 17 del Estatuto del Trabajo Autónomo, en el contrato de agencia de seguros las partes podrán someter sus eventuales discrepancias relativas al régimen profesional de los trabajadores autónomos económicamente dependientes a mediación o arbitraje.

CAPÍTULO III
Del Registro Estatal de Asociaciones Profesionales de Personas Trabajadoras Autónomas

Todas las referencias realizadas en este capítulo al «Registro Estatal de Asociaciones Profesionales de Trabajadores Autónomos» se sustituyen por «Registro Estatal de Asociaciones Profesionales de Personas Trabajadoras Autónomas», según dispone el Real Decreto 499/2020, de 28 de abril, por el que se desarrolla la estructura orgánica básica del Ministerio de Trabajo y Economía Social, y se modifica el Real Decreto 1052/2015, de 20 de noviembre, por el que se establece la estructura de las Consejerías de Empleo y Seguridad Social en el exterior y se regula su organización, funciones y provisión de puestos de trabajo (BOE de 01/05/2020).

ART. 12. Creación del Registro.

1. Se crea el Registro Estatal de Asociaciones Profesionales de Personas Trabajadoras Autónomas, en el que se deberán inscribir las asociaciones sin fin de lucro a que se refieren los apartados 2 y 3 de este artículo que desarrollen su actividad en el territorio del Estado, siempre que no la desarrollen principalmente en una Comunidad Autónoma, y que estén inscritas previamente en el Registro Nacional de Asociaciones.

A estos efectos, se entiende que las Asociaciones Profesionales de Trabajadores Autónomos desarrollan actividad principalmente en una Comunidad Autónoma cuando más del 50 por ciento de sus asociados estén domiciliados en la misma.

2. Tendrán la consideración de Asociaciones Profesionales de Trabajadores Autónomos aquellas asociaciones que agrupen a las personas físicas que estén comprendidas en el artículo 1 del Estatuto del Trabajo Autónomo, y que tengan por finalidad la defensa de los intereses profesionales de sus asociados y funciones complementarias.

En la denominación y en los estatutos deberán hacer referencia a su especialidad subjetiva y de objetivos.

3. También deberán inscribirse las Federaciones, Confederaciones o Uniones de Asociaciones Profesionales de Trabajadores Autónomos comprendidas en el mismo ámbito.

ART. 13. Organización administrativa.

El Registro Estatal de Asociaciones Profesionales de Personas Trabajadoras Autónomas dependerá orgánicamente del Ministerio de Trabajo e Inmigración y estará adscrito a la Dirección General de la Economía Social, del Trabajo Autónomo y de la Responsabilidad Social de las Empresas. Radicará en Madrid y tendrá carácter único para todo el territorio del Estado.

ART. 14. Encargado del Registro.

El titular de la Subdirección General de la Economía Social, del Trabajo Autónomo y de la Responsabilidad Social de las Empresas, será el encargado del Registro Estatal de Asociaciones Profesionales de Personas Trabajadoras Autónomas y a él corresponderá toda decisión o acuerdo relativo a la competencia del mismo.

Contra sus resoluciones se podrá interponer recurso de alzada ante el Director General de la Economía Social, del Trabajo Autónomo y de la Responsabilidad Social de las Empresas, en la forma y plazos previstos en la Ley 30/1992, de 26 de noviembre, de Régimen Jurídico de las Administraciones Públicas y Procedimiento Administrativo Común.

ART. 15. Funciones del Registro.

El Registro Estatal de Asociaciones Profesionales de Personas Trabajadoras Autónomas tendrá las siguientes funciones:

1. Inscribir a las Asociaciones Profesionales de Trabajadores Autónomos y las Federaciones, Confederaciones y Uniones de Asociaciones Profesionales de Trabajadores Autónomos de ámbito estatal, que reúnan los requisitos establecidos en el artículo 12 de este real decreto, así como sus modificaciones estatutarias, variaciones de los órganos de gobierno y su cancelación.

2. Expedir las oportunas certificaciones acreditativas de los datos obrantes en el Registro.

ART. 16. Inscripción en el Registro.

1. La inscripción en el Registro se formalizará mediante solicitud dirigida a la Dirección General de la Economía Social, del Trabajo Autónomo y de la Responsabilidad Social de las Empresas, conforme al modelo de solicitud correspondiente, a la que se acompañará la siguiente documentación:

a) Número de Identificación Fiscal de la Asociación. (N.I.F)

b) El acta fundacional de la Asociación que deberá contener la documentación referida en el artículo 6.1 de la Ley Orgánica 1/2002, de 22 de marzo, reguladora del Derecho de Asociación o, en su caso, certificado de inscripción en el Registro Nacional de Asociaciones con copia certificada de los estatutos vigentes y la acreditación de la representación de la entidad.

Las Federaciones, Confederaciones y Uniones deberán acompañar al acta fundacional un certificado del acuerdo del órgano competente de las asociaciones fundadoras, del que se deduzca la voluntad de constituir la entidad correspondiente y la designación de la persona física que la represente.

c) Certificación de inscripción expedida por el Registro Nacional de Asociaciones.

d) Relación de asociados con especificación de los siguientes datos: número de asociado, nombre y apellidos, sexo, N.I.F y domicilio.

Las Federaciones, Confederaciones y Uniones, deberán aportar relación de las asociaciones que las integran en la que se especificarán los siguientes datos: número de asociado, denominación, domicilio y NIF de las asociaciones, así como nombre y apellidos, domicilio y NIF de los trabajadores autónomos de cada una de ellas. No obstante, las Federaciones, Confederaciones, y Uniones que hayan aportado estos datos a otros registros públicos podrán cumplir con este requisito mediante certificación expedida por el órgano correspondiente y que contendrá los datos a que este apartado se refiere.

Asimismo, cada asociación integrante de las Federaciones, Confederaciones, y Uniones estará habilitada para aportar directamente ante el Registro la relación de asociados y la especificación de los datos de esta letra d), incluyendo la referencia expresa de la Federación, Confederación o Unión a la que pertenecen, las cuáles deberán aportar ante el Registro un listado completo de los datos identificativos de todas las asociaciones que la integran.

2. Presentada la solicitud, el Registro procederá a la calificación del acto objeto de inscripción registral, mediante el estudio de su adecuación jurídica y del cumplimiento de las formalidades exigidas en el presente real decreto y demás normativa de carácter imperativo.

3. Cuando la solicitud o los documentos acompañados a la misma no reúnan los requisitos exigibles, se requerirá a los solicitantes para su subsanación en el plazo de diez días. De no hacerlo en tiempo y forma, el Registro le tendrá por desistido de su petición, previa resolución dictada al efecto, procediendo al archivo de lo actuado.

4. Cuando el acto susceptible de inscripción resulte ajustado a Derecho, el Registro así lo declarará mediante la correspondiente resolución, y dispondrá su inscripción en la hoja registral.

ART. 17. Procedimiento.

Los actos sujetos a inscripción y los acuerdos dictados por el Registro Estatal de Asociaciones Profesionales de Personas Trabajadoras Autónomas estarán sujetos al procedimiento establecido en la Ley 30/1992, de 26 de noviembre, de Régimen Jurídico de las Administraciones Públicas y del Procedimiento Administrativo Común.

ART. 18. Comunicación de modificaciones.

1. Los órganos correspondientes de cada una de las asociaciones inscritas, vendrán obligados a comunicar a este Registro mediante certificación expedida por el Registro Nacional de Asociaciones cualquier cambio o alteración sustancial que se produzca desde su inscripción, y particularmente, los referidos a domicilio, órganos directivos y estatutos.

2. De forma cuatrienal, las Asociaciones, Federaciones, Confederaciones y Uniones Profesionales de Trabajadores Autónomos inscritas en el presente Registro estarán obligadas a remitir relación actualizada de sus asociados con especificación de los datos reseñados en la letra d) del artículo 16.1.

ART. 19. Cancelación.

La cancelación en este Registro de la inscripción de las Asociaciones, Federaciones, Confederaciones y Uniones Profesionales de Trabajadores Autónomos, se producirá por la pérdida de alguno de los requisitos previstos para su calificación, de oficio o a instancia de la entidad interesada, por la revocación del NIF de la asociación, así como por incumplimiento de la obligación de remisión de los datos a los que se refieren los artículos 16.1 y 18.1.

ART. 20. Sistema de registro.

1. Cada asociación dispondrá en el Registro de una hoja personal, a la que se atribuirá un número ordinal.

En la hoja personal se practicará la inscripción al primer asiento que se practique a la asociación, y las anotaciones al margen de la inscripción que resulten preceptivas, conforme a lo dispuesto en este real decreto. La inscripción y posteriores anotaciones se numerarán correlativamente según el orden cronológico de su producción. La cancelación determina la extinción de la inscripción.

Los documentos que accedan al Registro formarán el expediente de cada entidad, incorporándose al archivo del registro.

2. El sistema de registro dispondrá de los medios informáticos y telemáticos oportunos que sean necesarios para la simplificación del procedimiento.

DISPOSICIONES ADICIONALES

D.A. 1.ª Trabajadores autónomos económicamente dependientes prestadores del servicio de transporte.

De conformidad con lo dispuesto en la disposición adicional undécima del Estatuto del Trabajo Autónomo, los trabajadores autónomos económicamente dependientes prestadores del servicio de transporte al amparo de autorizaciones administrativas de las que sean titulares, realizada mediante el correspondiente precio con vehículos comerciales de servicio público cuya propiedad o poder directo de disposición ostenten, aun cuando dichos servicios se realicen de forma continuada para un mismo cargador o comercializador, quedan excluidos de la aplicación del artículo 5.1 y de la letra d) del artículo 5.2 de este real decreto.

D.A. 2.ª Agentes comerciales.

De acuerdo con lo dispuesto en la disposición adicional decimonovena del Estatuto del Trabajo Autónomo, los agentes comerciales quedan excluidos de la aplicación de la letra c) del artículo 5.1 de este real decreto.

D.A. 3.ª Adaptación de estatutos de las Asociaciones Profesionales de Trabajadores Autónomos.

De conformidad con lo dispuesto en la disposición transitoria primera del Estatuto del Trabajo Autónomo, las asociaciones a las que se refiere el artículo 12 de este real decreto, integradas por dichos profesionales e inscritas como tales en el Registro Nacional de Asociaciones dependiente del Ministerio del Interior o en la Oficina Pública de Depósito de Estatutos de Asociaciones Sindicales y Empresariales de ámbito nacional o supracomunitario de conformidad con el Real Decreto 873/1977, de 22 de abril, sobre depósito de los estatutos de las organizaciones constituidas al amparo de la Ley 19/1977, de 1 de abril, reguladora del derecho de asociación sindical del Ministerio de Trabajo e Inmigración, se entenderán convalidadas siempre que cumplan los requisitos de la Ley Orgánica 1/2002, de 22 de marzo, reguladora del Derecho de Asociación y los del Estatuto del Trabajo Autónomo.

Las asociaciones inscritas a la entrada en vigor del Estatuto del Trabajo Autónomo, en el Registro Público que en cada caso resultase obligatorio en dicha fecha, en virtud de la convalidación a la que se refiere el apartado anterior, no tendrán que inscribirse en ninguna otra Oficina distinta al Registro Estatal de Asociaciones Profesionales de Personas Trabajadoras Autónomas creado por este Real Decreto, sin perjuicio, en su caso, de la obligación de adaptar sus Estatutos a las disposiciones de la Ley Orgánica 1/2002, de 22 de marzo.

D.A. 4.ª Asociaciones profesionales de trabajadores autónomos inscritas en la Oficina Pública de Depósito de Estatutos de Asociaciones Sindicales y Empresariales de ámbito nacional o supracomunitario.

Las asociaciones profesionales de trabajadores autónomos inscritas en la Oficina Pública de Depósito de Estatutos de Asociaciones Sindicales y Empresariales de ámbito nacional o supracomunitario de conformidad con el Real Decreto 873/1977, de 22 de abril, sobre depósito de los estatutos de las organizaciones constituidas al amparo de la Ley 19/1977, de 1 de abril, reguladora del derecho de asociación sindical, deberán cumplir con lo dispuesto en el capítulo III del presente real decreto, con las siguientes particularidades:

a) La inscripción previa en el Registro Nacional de Asociaciones del artículo 12.1 de este real decreto y la obligación de comunicación de modificaciones establecida en el artículo 18.1 se entenderán referidas a la Oficina Pública de Depósito de Estatutos de asociaciones sindicales y empresariales, ajustándose a los requisitos establecidos en la misma.

b) El requisito del artículo 16.1.b) de este real decreto relativo al acta fundacional y el requisito del artículo 16.1.c) del mismo, se entenderán cumplidos con la certificación de personalidad jurídica de las asociaciones de trabajadores autónomos emitida por la Oficina Pública de Depósito de Estatutos de Asociaciones Sindicales y Empresariales donde están depositados sus estatutos.

Incluida la corrección de errores del Real Decreto 197/2009, de 23 de febrero de asociaciones profesionales de trabajadores autónomos. (BOE de 22-05-2009).

D.A. 5.ª Encomienda de gestión y colaboración administrativa.

En virtud de lo dispuesto en el artículo 15 de la Ley 30/1992, de 26 de noviembre, de Régimen Jurídico de las Administraciones Públicas y del Procedimiento Administrativo Común, el Servicio Público de Empleo Estatal, podrá encomendar el registro de los contratos para la realización de la actividad económica o profesional del trabajador autónomo económicamente dependiente a los órganos correspondientes de las Comunidades Autónomas que así lo soliciten, sin que ello afecte al carácter estatal y único del registro de los contratos de los trabajadores autónomos económicamente dependientes.

El Servicio Público de Empleo Estatal cederá a la Tesorería General de la Seguridad Social la información relativa al registro de los contratos de los trabajadores autónomos económicamente dependientes, así como la terminación de tales contratos, a efectos de tramitar las correspondientes altas y bajas y variaciones de datos de los trabajadores autónomos económicamente dependientes.

A los efectos de lo dispuesto en la Disposición adicional tercera y cuarta del presente real decreto, se llevará a cabo la oportuna colaboración e intercambio de información entre el Registro Nacional de Asociaciones del Ministerio del Interior y la Oficina Pública de Depósito de Estatutos de Asociaciones Sindicales y Empresariales de ámbito nacional o supracomunitario y el Registro Estatal de Asociaciones Profesionales de Personas Trabajadoras Autónomas, dependientes estos dos últimos del Ministerio de Trabajo e Inmigración.

D.A. 6.ª Financiación.

Los créditos necesarios para el funcionamiento del Registro Estatal de Asociaciones Profesionales de Personas Trabajadoras Autónomas se consignarán en los presupuestos del Ministerio de Trabajo e Inmigración.

D.A. 7.ª Carácter del modelo de contrato de trabajador autónomo económicamente dependiente.

El modelo de contrato de trabajador autónomo económicamente dependiente del Anexo de este real decreto tiene carácter meramente indicativo, debiendo adecuarse para los

V

supuestos contemplados en la disposición adicional undécima y en la disposición adicional decimonovena del Estatuto del Trabajo Autónomo, de conformidad con lo establecido en las disposiciones adicionales primera y segunda del presente real decreto.

D.A. 8.ª Profesionales en régimen societario.

De conformidad con lo establecido en la exclusión del apartado 3 del artículo 11 del Estatuto del Trabajo Autónomo, las especificaciones del contrato de trabajador autónomo económicamente dependiente contenidas en el capítulo primero de este real decreto no se entenderán aplicables a la relación contractual establecida entre profesionales que ejerzan su profesión conjuntamente con otros en régimen societario o bajo cualquier otra forma jurídica admitida en derecho.

La citada exclusión se entiende sin perjuicio del contrato de trabajador autónomo económicamente dependiente que pueda celebrar el profesional con un cliente distinto de la sociedad o persona jurídica en la que esté inserto. En este supuesto, para el cálculo del porcentaje del 75 por ciento que dispone el párrafo segundo del apartado 1 del artículo 2 de este real decreto, se incluirán en el cómputo de los ingresos totales, los que el profesional perciba procedentes de la sociedad o persona jurídica de la que forme parte.

DISPOSICIONES TRANSITORIAS

D.T. 1.ª Adaptación de los contratos vigentes de los trabajadores autónomos económicamente dependientes.

Los contratos suscritos con anterioridad a la entrada en vigor del Estatuto del Trabajo Autónomo, entre el trabajador autónomo y el cliente, conforme a su disposición transitoria segunda, deberán adaptarse a las previsiones contenidas en la Ley y en el presente real decreto dentro del plazo de seis meses desde la entrada en vigor de dicho real decreto, salvo que en dicho período alguna de las partes opte por rescindir el contrato, sin perjuicio de la responsabilidad que pudiera derivarse en virtud de las condiciones pactadas anteriormente al amparo de las disposiciones del derecho civil, mercantil o administrativo aplicables.

El trabajador autónomo en el que concurra la circunstancia de ser económicamente dependiente, deberá comunicarlo al cliente respecto al que adquiera esta condición, en el plazo de tres meses desde la entrada en vigor de este real decreto.

Los contratos suscritos con posterioridad a la entrada en vigor del Estatuto del Trabajo Autónomo, entre el trabajador autónomo económicamente dependiente y el cliente, producen efectos jurídicos plenos, debiendo adaptarse a lo establecido en el capítulo I de este real decreto.

D.T. 2.ª Adaptación de los contratos vigentes de los trabajadores autónomos económicamente dependientes en el sector del transporte y en el sector de los agentes de seguros.

Los contratos suscritos con anterioridad a la entrada en vigor del Estatuto del Trabajo Autónomo, entre el trabajador autónomo y el cliente a los que se refiere la disposición adicional undécima de dicha Ley y los contratos celebrados por los agentes de seguros a los que se resulte de aplicación el capítulo tercero de la misma Ley, deberán adaptarse a las previsiones contenidas en la Ley y en el presente real decreto dentro del plazo de dieciocho meses desde la entrada en vigor de dicho real decreto, salvo que en dicho período alguna de las partes opte por rescindir el contrato, sin perjuicio de la responsabilidad que pudiera derivarse en virtud de las condiciones pactadas anteriormente al amparo de las disposiciones del derecho civil, mercantil o administrativo aplicables.

El trabajador autónomo en el que concurra la circunstancia de ser económicamente dependiente en los supuestos a los que se refiere esta disposición transitoria, deberá comunicarlo al cliente respecto al que adquiera esta condición.

Los contratos suscritos con posterioridad a la entrada en vigor del Estatuto del Trabajo Autónomo, entre el trabajador autónomo económicamente dependiente y el cliente, producen efectos jurídicos plenos, debiendo adaptarse a lo establecido en el capítulo I de este real decreto en el supuesto del sector del transporte y a lo dispuesto en el capítulo II en el caso de agentes de seguros.

D.T. 3.ª Régimen transitorio del registro de contratos.

Los contratos registrados de conformidad con la Resolución de 21 de febrero de 2008, del Servicio Público de Empleo Estatal, por la que se establece el procedimiento provisional para el registro de los contratos de los trabajadores autónomos económicamente dependientes deberán adaptarse a lo dispuesto en el artículo 6.2 de este real decreto en el plazo de tres meses desde la entrada en vigor del mismo.

D.T. 4.ª Transitoriedad de los actos de encuadramiento en el Régimen Especial de la Seguridad Social de los Trabajadores por Cuenta Propia o Autónomos de los trabajadores autónomos económicamente dependientes.

Las actos de encuadramiento en el Régimen Especial de la Seguridad Social de los Trabajadores por Cuenta Propia o Autónomos relativos a los trabajadores autónomos económicamente dependientes, tramitados hasta la fecha de entrada en vigor de este real decreto al amparo de la Resolución de 16 de enero de 2008 de la Tesorería General de la Seguridad Social por la que se impartieron directrices provisionales al respecto, gozarán de plena validez desde la fecha en que hayan producido sus efectos de conformidad con lo dispuesto en el Reglamento General sobre inscripción de empresas y afiliación, altas, bajas y variaciones de datos de trabajadores en la Seguridad Social, aprobado por el Real Decreto 84/1996, de 26 de enero.

DISPOSICIONES FINALES

D.F. 1.ª Título competencial y habilitación.

Este real decreto se dicta en virtud de las competencias que atribuye al Estado el artículo 149.1.6ª, 7ª, 8ª y 17ª de la Constitución Española y al amparo de la habilitación que confiere al Gobierno la disposición final tercera del Estatuto del Trabajo Autónomo.

D.F. 2.ª Modificación del Reglamento General sobre inscripción de empresas y afiliación, altas, bajas y variaciones de datos de trabajadores en la Seguridad Social, aprobado por el Real Decreto 84/1996, de 26 de enero.

«El párrafo d) del artículo 46.5 del Reglamento General sobre inscripción de empresas y afiliación, altas, bajas y variaciones de datos de trabajadores en la Seguridad Social, aprobado por el Real Decreto 84/1996, de 26 de enero, y modificado por el Real decreto 1382/2008, de 1 de agosto, queda redactado en los términos que se indican a continuación, pasando el actual párrafo d) a constituir el párrafo e):

d) Copia del contrato celebrado entre el trabajador autónomo económicamente dependiente y su cliente, una vez registrado en el Servicio Público de Empleo Estatal y copia de la comunicación al Servicio Público de Empleo Estatal de la terminación del contrato registrado.»

D.F. 3.ª Facultad de ejecución.

Se autoriza al Ministro de Trabajo e Inmigración para dictar cuantas normas sean necesarias para la ejecución de lo dispuesto en este real decreto.

D.F. 4.ª Entrada en vigor.

El presente real decreto entrará en vigor el día siguiente al de su publicación en el «Boletín Oficial del Estado».

Dado en Madrid, el 23 de febrero de 2009.
JUAN CARLOS R.

El Ministro de Trabajo e Inmigración,
CELESTINO CORBACHO CHAVES.

V

ANEXO

Modelo de contrato del trabajador autónomo económicamente dependiente

En _____, a ____ de _____ de _____

REUNIDOS

De una parte, el CLIENTE, empresa _____, domiciliada en _____, calle _____, número _____, y con NIF _____, en cuyo nombre y representación actúa don _____ ____, mayor de edad, vecino de _____, con domicilio en la calle _____ _____, número _____, y con DNI/NIE _____,

De otra, el TRABAJADOR AUTÓNOMO, don _____, mayor de edad, vecino de _____, con domicilio en la calle _____, número _____, y con DNI/NIE _____

Ambas partes se reconocen mutuamente la capacidad legal necesaria para contratar y a tal efecto

EXPONEN

1. Que el trabajador autónomo, hace constar expresamente la condición de trabajador autónomo económicamente dependiente respecto del cliente.

2. Que el trabajador autónomo declara que su actividad como trabajador autónomo económicamente dependiente no se ejecuta de manera indiferenciada con los trabajadores que presten servicio bajo cualquier modalidad de contratación laboral por cuenta del cliente y que desarrolla la actividad con criterios organizativos propios sin perjuicio de las indicaciones técnicas que pudiera percibir de su cliente, asumiendo el riesgo y ventura de la misma.

3. Que el trabajador autónomo percibe del cliente rendimientos de la actividad económica o profesional por un importe de, al menos, el 75 por ciento de los ingresos totales que aquel percibe por rendimientos de trabajo y de actividades económicas o profesionales, que no tiene a su cargo trabajadores por cuenta ajena ni va a subcontratar parte o toda la actividad contratada con el cliente ni las actividades que pudiera contratar con otros clientes, que dispone de infraestructura productiva y material propios, necesarios para el ejercicio de la actividad e independientes de los de su cliente, cuando en la actividad a realizar sean relevantes económicamente, que comunicará por escrito a su cliente las variaciones en la condición de dependiente económicamente que se produzcan durante la vigencia del contrato, que no es titular de establecimientos o locales comerciales e industriales y de oficinas y despachos abiertos al público y que no ejerce profesión conjuntamente con otros profesionales en régimen societario o bajo cualquier otra fórmula jurídica admitida en derecho.

4. Que ambas partes acuerdan formalizar el presente contrato de conformidad con las siguientes

CLÁUSULAS

Primera.-El trabajador autónomo económicamente dependiente prestará sus servicios profesionales de _____ o realizará el encargo u obra de _____ para el cliente, del que percibirá una contraprestación económica por la ejecución de su actividad profesional o económica o del encargo u obra por un importe de _____euros, cuyo abono se producirá en el tiempo y forma convenidos. El pago se efectuará en el plazo de _____ días desde la recepción de la factura correspondiente. En defecto de pacto, el plazo de pago será de 30 días.

Segunda.-La duración del presente contrato será de _____días/meses/años, o por la realización de la obra o el servicio de _____a contar desde el ____/____hasta el ____/_____ o por la finalización de la obra o servicio.

Tercera.-La jornada de la actividad profesional o económica del trabajador autónomo económicamente dependiente podrá tener una duración máxima de _____horas diarias/semanales/mensuales con la siguiente distribución: _____ _____ El régimen de descanso semanal y el correspondiente de los festivos aplicable será _____

El trabajador autónomo económicamente dependiente tendrá derecho a una interrupción anual de la actividad de _____días.

En los supuestos de violencia de género, para adaptar el horario de la trabajadora autónoma económicamente dependiente y su distribución a fin de hacer efectiva su protección o su derecho a la asistencia social integral, se modificará esta cláusula para adecuarla a la nueva situación.

Cuarta.-En caso de extinción contractual por desistimiento del trabajador autónomo económicamente dependiente, éste deberá preavisar al cliente en el plazo de _____ días. En caso de extinción contractual por voluntad del cliente por causa justificada, el cliente deberá preavisar a aquél en el plazo de _____ días.

Quinta.-Serán causas de extinción o de interrupción justificada del contrato, además de las establecidas en los artículos 15.1 b) y 16.2 de la Ley 20/2007, de 11 de julio, las siguientes:

_____
_____
_____

Sexta.-La cuantía de la indemnización para el trabajador autónomo económicamente dependiente o para el cliente en virtud de lo dispuesto en el artículo 15 de la Ley 20/2007, de 11 de julio, será de _____

Séptima.-Acuerdo de interés profesional aplicable (en el caso de existir y con la conformidad del trabajador autónomo económicamente dependiente): _____

_____

Octava.-El trabajador autónomo económicamente dependiente y el cliente se comprometen a mejorar la efectividad del derecho a la integridad física, la protección adecuada de su seguridad y salud en el trabajo, así como formación preventiva del trabajador autónomo económicamente dependiente y para ello, acuerdan las siguientes acciones:

_____
_____

Novena.-Condiciones contractuales aplicables en caso de que el trabajador autónomo económicamente dependiente dejase de cumplir con el requisito de dependencia económica:

_____
_____

Décima.-El presente contrato será registrado en el Servicio Público de Empleo Estatal o en el órgano correspondiente de la Comunidad Autónoma a la que se haya encomendado la gestión, por el trabajador autónomo económicamente dependiente en el plazo de 10 días hábiles desde su perfección. El trabajador autónomo económicamente dependiente comunicará al cliente que el contrato ha sido registrado en el plazo de 5 días hábiles siguientes al registro. Transcurrido el plazo de 15 días hábiles desde la celebración del contrato, sin que se haya producido la comunicación de registro por el trabajador autónomo económicamente, el cliente deberá registrarlo en el Servicio Público de Empleo Estatal en el plazo de 10 días hábiles siguientes. Las modificaciones del contrato y su terminación serán objeto de comunicación en los mismos plazos señalados.

CLÁUSULAS ADICIONALES

Y para que conste, se extiende este contrato por triplicado en el lugar y fecha indicados en el encabezamiento, firmando las partes interesadas,

Trabajador autónomo   Cliente

ÍNDICE ANALÍTICO

A

B

C

D

E

L

LACTANCIA
Ver **RIESGO DURANTE LA LACTANCIA**

M

MATERNIDAD
Derecho a suspensión de actividad en situación de maternidad, 4.3.g) **I**
Derecho al cobro de prestación en situación de maternidad, 4.3.h) **I**
Ver **BONIFICACIONES**
Ver **PRESTACIONES**

MELILLA
Trabajadores autónomos de Ceuta y Melilla, 36 **I**

MENORES
Prohibición a los menores de ejercer trabajos autónomos, 9 **I**

MUERTE Y SUPERVIVENCIA
Prestaciones por muerte y supervivencia, 46-51 **III**

MUTUALIDADES
Mutualidades laborales, 67 y 68 **III**

N

NULIDAD
Nulidad de cláusulas contractuales, 6.4 **I**

O

OBLIGACIONES FISCALES Y TRIBUTARIAS
Deber de cumplimiento de los autónomos de obligaciones fiscales, 5.d) **I**
Deudas tributarias, 10.5 **I**

P

PAGO ÚNICO
Ver **CESE DE ACTIVIDAD**

PATERNIDAD
Derecho a suspensión de actividad en situación de paternidad, 4.3.g) **I**
Derecho al cobro de prestación en situación de paternidad, 4.3.h) **I**
Ver **BONIFICACIONES**
Ver **PRESTACIONES**

PLURIACTIVIDAD
Ver **COTIZACIÓN**

PRESTACIÓN DE DESEMPLEO
Capitalización de la prestación de desempleo, 34, D.A. 9ª **I**
Compatibilización de la prestación por desempleo, 33, D.A. 9ª **I**

PRESTACIONES
Base reguladora, 31 **III**
Condiciones del derecho a las prestaciones, 28 **III**
Derecho de los autónomos al cobro de prestaciones, 4.3.h) **I**
Incompatibilidades, 34 **III**
Prestaciones de servicios sociales, 26.2 **I**

T

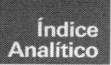